McGraw-Hill Lectura

Maravillas

Mc
Graw
Hill
Education

Bothell, WA • Chicago, IL • Columbus, OH • New York, NY

Cover and Title pages: Nathan Love

www.mheonline.com/lecturamaravillas

Send all inquiries to:
McGraw-Hill Education
Two Penn Plaza
New York, New York 10121

ISBN: 978-0-02-126052-2
MHID: 0-02-126052-4

Printed in United States of America.

4 5 6 7 8 9 DOW 18 17 16 15

B

McGraw-Hill Lectura
Maravillas

CCSS **Lectura / Artes del lenguaje**

Autores

Jana Echevarria   Gilberto D. Soto

Teresa Mlawer   Josefina V. Tinajero

Mc Graw Hill Education

Bothell, WA • Chicago, IL • Columbus, OH • New York, NY

Unidad 1
Amigos y familia

La gran idea

Semana 1 • Amigos que se ayudan 18

Semana 2 • Familias del mundo 34

(t) Mónica Pironio; (b) Janet Broxon

¡**Conéctate!** Las lecciones están en http//connected.mcgraw-hill.com

CIENCIAS

ESTUDIOS SOCIALES

(t) Sergio Vera; (b) hana/Datacraft/imagenavi/Getty Images

Unidad 2 · El misterio de los animales

La gran idea

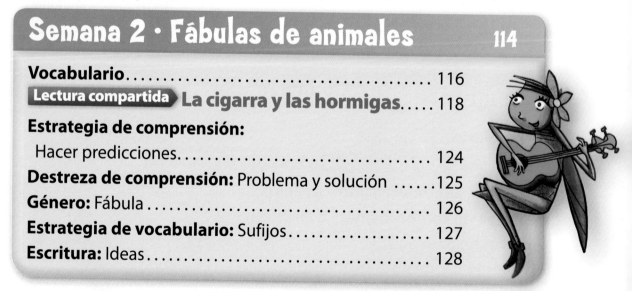

(bkg) © Charles Smith/Corbis; (t) Ana Favazza; (b) Razz

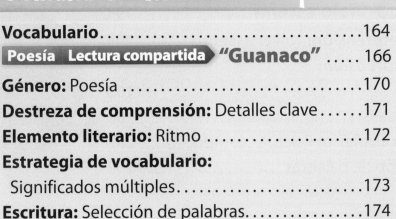

Unidad 3 Vivir y aprender

La gran idea

¡Conéctate! Las lecciones están en http//connected.mcgraw-hill.com

(t) Debby Tewa; (c) Wave/Photolibrary

Unidad 4 Nuestra vida, nuestro mundo

La gran idea

(bkg) Rodrigo Folgueira; (t) Steven J. Kazlowski/Alamy; (b) Paul Thompson Images/Alamy

¡Conéctate! Las lecciones están en http//connected.mcgraw-hill.com

(t) Susan Swan; (c) Viviana Brass; (b) Don Paulson Photography/Getty Images

Unidad 5 Mejorar nuestro mundo

La gran idea

María Cecilia Molinuevo

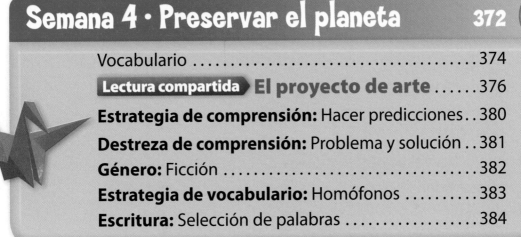

(t) Margaret Lindmark; (c) Kristen Sorra; (b) Tetra Images/Alamy

Unidad 6

¿Cómo es?

La gran idea

¿Qué hace que el mundo siga andando?... **400**

(bkg) Romina Biassoni; (t) Pablo De Bella; (b) © Jeremy Woodhouse/Blend Images/Corbis

Amigos y familia

Girasoles

La luz nos alegra,
nos alegra el calor,
somos semillas de sonrisas.
Vamos hacia los abrazos,
hacia los amigos siempre vamos.
Somos girasoles del amor,
somos amores que giran con el sol.

Sebastián Olaso

La gran idea

¿Cómo aprenden, crecen y se ayudan las familias y los amigos?

Pregunta esencial

¿Cómo se ayudan los amigos?

¡Conéctate!

Ayuda mutua

Estas amigas se ayudan a leer un mapa. Cada una ayuda a la otra. Dependemos de nuestros amigos de muchas maneras.

▶ Dependemos de nuestros amigos para aprender cosas.

▶ Los necesitamos para sentirnos mejor cuando tenemos problemas.

Coméntalo

Habla en pareja sobre cómo dependemos de nuestros amigos. Escribe tus ideas en el organizador gráfico.

Dependemos de nuestros amigos para

Vocabulario

Mira las fotos y lee las oraciones para comentar cada palabra con un compañero o una compañera.

acción

Sus **acciones** ayudaron a la niña a ganar el partido de fútbol.

¿Qué acciones te ayudan a progresar en la escuela?

acomodarse

Pablo **se acomodó** en la biblioteca para estudiar.

¿Dónde puedes acomodarte para estudiar tranquilo?

acurrucarse

El perro **se acurrucó** detrás del sillón.

¿Dónde se acurruca tu mascota?

aparecer

El gato **apareció** después de haberse escapado.

¿Dónde puede aparecer un gato?

atascarse

El gato **se atascó** entre las tablas de madera.

¿En qué lugares pueden atascarse los objetos pequeños?

depender

Nico **depende** de su papá para aprender a andar en bicicleta.

¿Para qué cosas dependes de tus padres?

melena

Mi amiga tiene una bella **melena**.

¿Qué cuidados necesita una melena para estar bien?

solitario

Algunos escritores son personas **solitarias**.

¿Eres una persona solitaria o prefieres tener compañía?

COLABORA

Tu turno

Elige tres palabras y escribe tres preguntas para tu compañero o compañera.

¡Conéctate! *Usa el glosario digital ilustrado.*

Polo Norte

Pregunta esencial

¿Cómo se ayudan los amigos?

Lee sobre amigos que se ayudan para resolver problemas.

Monica Pironio

22

Muy lejos, tan cerca

—Está todo —dijo el pingüino de lentes—. Con esta receta, los osos podrán cocinar una sabrosa sopa de nubes.

Los pingüinos también enviaban mensajes para sus amigos lejanos.

La paloma se puso en **acción**. Colocó los mensajes y la receta en sus patitas.

Los osos no sabían preparar la sopa de nubes. Entonces los pingüinos les enviaban la receta. Se estaban comportando como verdaderos amigos.

Polo Sur

Mónica Pironio

Cuando cruzaba la selva, la paloma
decidió bajar a tomar agua. Un viento suave
le acarició las plumas. Se sintió más liviana.
Se acomodó las alitas y aterrizó junto al río.
Una mona se lavaba la **melena**.

—¡Calurosas tardes, hermana mona! No
quiero que se mojen los mensajes. ¿Sabe
dónde puedo dejarlos? Tampoco quiero que
el viento se los lleve.

La mona miró las patitas de la paloma.

—Hermana paloma, el viento ya se los llevó.

La mona llamó a los otros animales.

—¡Tía boa! ¡Tío cocodrilo! ¡Abuela cotorra!

La boa se deslizó entre las ramas. Tuvo cuidado de no **atascarse**. Encontró tres mensajes.

El cocodrilo fue al pantano. Encontró dos mensajes sobre unas plantas flotantes.

La cotorra voló entre las lianas. Encontró dos mensajes más.

—¿Son estos?

—Sí, abuela cotorra. Pero todavía no **apareció** la receta.

La mona miró hacia el cielo. Un papel **solitario** volaba sin rumbo. ¡Era la receta! La paloma estaba agradecida. Ya tenía todos los mensajes.

—Todos, no —dijo la mona.

Quería escribirles a los pingüinos y a los osos. Y para eso, **dependía** de la paloma.

—Nosotros también queremos ser sus amigos —dijeron los otros animales.

La paloma se miró las patitas llenas de mensajes y suspiró.

Mónica Pironio

—Está bien —dijo—. Llevaré los mensajes con todo gusto. Espero no perderlos.

Y no los perdió. Ahora, la paloma va y viene. Lleva y trae. Los osos envían mensajes. Los animales de la selva envían mensajes. Los pingüinos envían mensajes.

La paloma no necesita mensajes porque los visita a todos. Solo necesita **acurrucarse** un poco cuando tiene frío. Luego, bebe un tazón de sopa de nubes.

Haz conexiones

¿Cómo ayudaron a la paloma sus amigos?
PREGUNTA ESENCIAL

Comenta en pareja sobre la ayuda que los amigos se dan y reciben. **EL TEXTO Y TÚ**

Visualizar

Mientras lees "Muy lejos, tan cerca", busca palabras que te ayuden a visualizar, o formar imágenes, de lo que sucede.

 Busca evidencias en el texto

En la página 24 de "Muy lejos, tan cerca", leo que mientras cruzaba la selva, la paloma decidió bajar a tomar agua. ¿Qué palabras me ayudan a visualizar qué hizo la paloma para tomar agua?

página 24

Cuando cruzaba la selva, la paloma decidió bajar a tomar agua. Un viento suave le acarició las plumas. Se sintió más liviana. **Se acomodó** las alitas y aterrizó junto al río. Una mona se lavaba la **melena**.

—¡Calurosas tardes, hermana mona! No quiero que se mojen los mensajes. ¿Sabe dónde puedo dejarlos? Tampoco quiero que el viento se los lleve.

La mona miró las patitas de la paloma.

—Hermana paloma, el viento ya se los llevó.

24

Leo que la paloma se acomodó las alitas y aterrizó junto al río. Esto me ayuda a visualizar qué hizo la paloma para tomar agua.

Tu turno

COLABORA

¿Qué hizo el viento con las plumas de la paloma? Vuelve a leer la página 24 y trata de visualizarlo. Luego responde a la pregunta.

Mónica Pironio

Detalles clave

Los detalles clave te ayudan a comprender la trama y a visualizar el ambiente. También te ayudan a conocer al personaje.

Busca evidencias en el texto

Mientras leo la página 23, presto atención a los detalles clave que me indican cómo suceden los hechos.

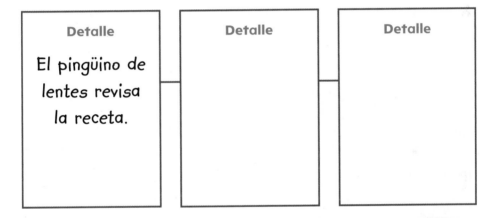

Detalle	Detalle	Detalle
El pingüino de lentes revisa la receta.		

Tu turno

COLABORA

Vuelve a leer "Muy lejos, tan cerca" y piensa por dónde pasa la paloma. Los detalles clave te ayudarán a completar el organizador gráfico.

¡Conéctate! *Usa el organizador gráfico interactivo.*

Fantasía

El cuento "Muy lejos, tan cerca" es una **fantasía**. Sabemos que es una **fantasía** porque tiene:
- personajes, ambientes o sucesos que no existen en la vida real.
- dibujos que muestran esos personajes.

 Busca evidencias en el texto

Sé que "Muy lejos, tan cerca" es una fantasía porque los personajes son animales que se visten, hablan, escriben cartas, usan lentes o cocinan.

página 24

Cuando cruzaba la selva, la paloma decidió bajar a tomar agua. Un viento suave le acarició las plumas. Se sintió más liviana. **Se acomodó** las alitas y aterrizó junto al río. Una mona se lavaba la **melena**.

—¡Calurosas tardes, hermana mona! No quiero que se mojen los mensajes. ¿Sabe dónde puedo dejarlos? Tampoco quiero que el viento se los lleve.

La mona miró las patitas de la paloma.

—Hermana paloma, el viento ya se los llevó.

24

Ilustraciones

Las ilustraciones muestran a los personajes haciendo algo que no es real.

 COLABORA

Tu turno

Busca dos ejemplos que muestren que "Muy lejos, tan cerca" es una fantasía.

Terminaciones de palabras

Para comprender mejor el significado de una palabra, trata de separar la raíz de la terminación.

 Busca evidencias en el texto

Al leer la palabra comportando *en la página 23, puedo separar la raíz* comport– *y la terminación* –ando. *La palabra comportando me indica que alguien está haciendo algo.*

Se estaban comportando como verdaderos amigos.

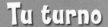 **Tu turno**

Usa las terminaciones para hallar el significado de las siguientes palabras de "Muy lejos, tan cerca".

aterrizó página 24
calurosas página 24

De lectores...

Los escritores se enfocan en un suceso para expresar mejor la trama del cuento. Vuelve a leer el párrafo de "Muy lejos, tan cerca".

Enfoque en un suceso

Busca un **suceso** en el cuento y observa las palabras que el autor usó para describir los detalles para que los lectores comprendan las **ideas**.

Ejemplo modelo

La mona miró hacia el cielo. Un papel solitario volaba sin rumbo. ¡Era la receta! La paloma estaba agradecida. Ya tenía todos los mensajes.

Mónica Pironio

32

a escritores

Marcas de corrección

≡ mayúscula

⌐ eliminar

∧ insertar

(ort.) revisar ortografía

⊙ agregar punto

Karina escribió una historia acerca de animales amigos. Lee las correcciones que hizo Karina.

Manual de gramática

Página 472

Oraciones enunciativas e interrogativas

Ejemplo del estudiante

Ayuda de un amigo

El cordero Lori fue al parque con la oveja susi. Lori estaba

≡

en el columpio. Susi lo empujó muy alto⊙ Voló hasta la rama

∧

más alta de un (arbol.) ¿Quién

(ort.)

podía salvarlo? Susi era muy

∧

pequeña. La jirafa Gilda estaba cerca. Susi le pidió

ayuda. ¡Gilda bajó salvó a Lori!

∧   ∧

Tu turno

COLABORA

☑ Identifica el suceso que describe Karina.

☑ Identifica una oración interrogativa.

☑ Explica cómo mejoró el texto con las correcciones.

¡Conéctate!
Escribe en el rincón del escritor.

Pregunta esencial

¿En qué se parecen y en qué se diferencian las familias en todo el mundo?

¡Conéctate!

Exotica.im 2/Alamy

Celebraciones en familia

En algunos lugares del mundo, las familias celebran una fiesta llamada Holi, o festividad de los colores.

▶ Las familias se pintan con polvos coloreados para celebrar la llegada de la primavera.

▶ Las familias comparten una gran comida.

Coméntalo COLABORA

Habla con un compañero o una compañera acerca de cómo se parecen y se diferencian algunas celebraciones familiares. Escribe tus ideas en la tabla.

Parecido	Diferente

Vocabulario

Mira las fotos y lee las oraciones para comentar cada palabra con un compañero o una compañera.

cultura

Durante el Año Nuevo chino, celebramos nuestra **cultura**.

Cuenta acerca de una celebración que demuestre tu cultura.

distancia

El niño saluda a sus abuelos que están a la **distancia**.

¿A qué distancia está tu casa de la escuela?

idioma

Mi amiga Noemí sabe hablar y escribir en otro **idioma**.

¿Cuántos idiomas hablas?

lejano

Las estrellas son soles que están muy **lejanos**.

¿Qué lugares lejanos conoces?

murmullo

El **murmullo** de la clase muestra que están trabajando.

¿Cómo suena el murmullo de un grupo de gente?

orilla

Me gusta jugar en la **orilla** del lago.

¿A ti te gusta jugar en la orilla de un río?

parecido

Mi hermano es **parecido** a mi prima.

Describe a dos compañeros o compañeras que sean parecidos.

retumbar

Durante la tormenta, **retumbaron** los truenos.

¿Qué tipo de instrumentos retumban?

Tu turno

COLABORA

Elige tres palabras y escribe tres preguntas para tu compañero o compañera.

¡Conéctate! *Usa el glosario digital ilustrado.*

Un desfile tradicional

¿? Pregunta esencial

¿En qué se parecen y en qué se diferencian las familias en todo el mundo?

Lee sobre una familia de Brasil.

María y su familia conversan en la cocina.

—Mae, ¡por favor! —ruega María.

Mae habla portugués, que es el **idioma** de Brasil.

—A pesar de tus ruegos, deberás ir a la práctica. El desfile es la próxima semana.

—No es justo —dice María en inglés.

Como hace poco que llegaron de Brasil, Mae habla poco inglés. María se sorprende cuando le pregunta en inglés:

—¿Por qué no es justo? Debes hacer lo correcto.

—Ana me invitó a su casa. Yo quiero ir —responde María.

Pai dice:

—María, el desfile es importante. Vienen muchas personas. Algunas vienen de lugares **lejanos**. Prueban nuestra comida, ven nuestros bailes. Es una oportunidad para compartir nuestra **cultura**.

Janet Broxon

40

—Ya lo sé, pero quiero ir a casa de
Ana —dice María.

—María, puedes ver a Ana en otro
momento. En la práctica de hoy les darán
los trajes —dice Pai.

María piensa en lo que dijo su papá. Pai
tiene razón. Ella y los otros niños trabajaron
mucho durante un año. Practicaron los
pasos de baile una y otra vez. Hasta hicieron
sus propios trajes de colores brillantes.

—Tienes razón. Iré a la práctica. Le diré a Ana que hoy no puedo ir —le dice María a su padre.

Una semana después es el día del desfile. Hay un gentío en la calle. Se oye un **murmullo** de entusiasmo. María y los niños visten trajes **parecidos** a los que se usan en el carnaval de Brasil. Bailan al ritmo de los tambores que **retumban**.

María ve a la **distancia** a una mujer con una cámara. Está en la otra **orilla** de la acera. Se acerca a María. María sonríe feliz. ¡Clic! La mujer le toma una foto a María. María se siente orgullosa de su esfuerzo.

Haz conexiones

¿En qué se parece y en qué se diferencia la familia de María de otras familias que conoces? PREGUNTA ESENCIAL

Compara la familia de María con tu familia. EL TEXTO Y TÚ

Visualizar

Visualizas cuando creas una imagen de algo que el autor cuenta.

 Busca evidencias en el texto

En la página 42 del cuento "Un desfile tradicional", ¿qué palabras me ayudan a visualizar los trajes?

página 41

María piensa en lo que dijo su papá. Pai tiene razón. Ella y los otros niños trabajaron mucho durante un año. Practicaron los pasos de baile una y otra vez. Hasta hicieron sus propios trajes de colores brillantes.

Leo que los niños hicieron sus propios trajes de colores brillantes. Esto me ayuda a visualizar el desfile.

Tu turno

 COLABORA

¿Qué hace María en el desfile? Vuelve a leer la página 42 y visualiza partes del cuento que te ayuden a responder la pregunta.

Janet Broxon

Personaje, ambiente, sucesos

El personaje de un cuento puede ser una persona o un animal. El ambiente es dónde y cuándo sucede un cuento. Los sucesos son lo que ocurre en el cuento.

 Busca evidencias en el texto

Mientras leo la página 39 de "Un desfile tradicional", aprendo quiénes son los personajes, qué hacen, y dónde sucede el cuento.

Personajes	Ambiente	Sucesos
María Mae Pai	Cocina de la casa	María no quiere ir a la práctica porque prefiere ver a su amiga.

Tu turno  COLABORA

Vuelve a leer el cuento. Después completa el organizador gráfico.

¡Conéctate! *Usa el organizador gráfico interactivo.*

45

Ficción realista

"Un desfile tradicional" es un cuento de ficción realista. La **ficción realista**:

- es un relato inventado con personajes que pueden ser reales.
- tiene un principio, un desarrollo y un final.

 Busca evidencias en el texto

*Me doy cuenta de que este cuento es ficción realista. Los personajes se comportan como personas reales. El cuento tiene principio, **desarrollo** y final.*

página 40

—No es justo —dice María en inglés.

Como hace poco que llegaron de Brasil, Mae habla po glés. María se sorprende cuando le pregunta en inglés:

—¿Por qué no es justo? Debes hacer lo correcto.

—Ana me invitó a su casa. Yo quiero ir —responde María.

Pai dice:

—María, el desfile es importante. Vienen muchas personas. Algunas vienen de lugares **lejanos**. Prueban nuestra comida, ven nuestros bailes. Es una oportunidad para compartir nuestra **cultura**.

40

Estructura del cuento

Al principio del cuento, leo que María no quiere ir a la práctica porque prefiere visitar a su amiga.

Tu turno COLABORA

Habla sobre los sucesos que ocurren en el **desarrollo** y al final del cuento.

Raíces de palabras

Para entender el significado de una palabra que no sabes, trata de separar la raíz de la palabra de su terminación.

 Busca evidencias en el texto
Al leer la palabra practicaron, *puedo separar la raíz de la palabra* practic- *y la terminación* -aron. Practicaron *me indica que varias personas hicieron algo.*

> Ella y otros niños trabajaron mucho durante un año. Practicaron los pasos de baile una y otra vez.

Tu turno

Usa la raíz de las palabras para hallar el significado de las siguientes palabras de "Un desfile tradicional".
gentío, página 42
orgullosa, página 43

Janet Broxon

Un escritor debe asegurarse de presentar con claridad a los personajes y sus problemas al comienzo del cuento. Vuelve a leer esta parte de "Un desfile tradicional".

Ejemplo modelo

Un principio interesante

Identifica detalles importantes sobre los personajes y los sucesos. ¿De qué manera estos detalles ayudan a crear un **principio interesante**?

María y su familia conversan en la cocina.

—Mae, ¡por favor! —ruega María.

Mae habla portugués, que es el idioma de Brasil.

—A pesar de tus ruegos, deberás ir a la práctica. El desfile es la próxima semana.

Janet Broxon

48

a escritores

Marcas de corrección

∧ insertar

⊙ agregar punto

✐ eliminar

≡ mayúscula

Paola escribió un cuento de ficción realista. Lee las correcciones que hizo Paola.

Manual de gramática

Página 472

Tipos de oraciones

Ejemplo del estudiante

El show de Lila

Era la noche del show ∧ Sentía
de baile.

⊙

las piernas débiles ∧ había
≡

practicado todo el mes.

"Sé que puedo hacerlo", pensó

Lila. Escuchó el comienzo de

la música. ~~Se peinó y arregló.~~ ∧
Ya no sentía las piernas débiles.

¡
Estaba lista!
∧

Tu turno

☑ Identifica las oraciones que muestran un principio interesante.

☑ Identifica una exclamación.

☑ Explica cómo mejoró el texto con las correcciones.

¡Conéctate!
Escribe en el rincón del escritor.

49

Pregunta esencial

¿Cómo puede una mascota ser un buen amigo?

¡Conéctate!

(bkgd) Le Cong Duc Dao/Alamy; (c) © Ariel Skelley/Corbis

Nuestras mascotas amigas

Las mascotas pueden ser nuestras amigas. Las mascotas tienen diferentes tamaños y formas.

► Las mascotas nos hacen reír.

► Las mascotas pueden ayudarnos.

► Las mascotas nos aman.

Coméntalo

Habla con un compañero o una compañera sobre la amistad de las mascotas. Escribe palabras en la red que muestren cómo es la amistad de las mascotas.

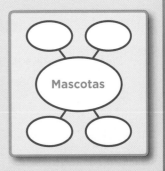

Vocabulario

Mira las fotos y lee las oraciones para comentar cada palabra con un compañero o una compañera.

amistad

Gracias a la **amistad** los niños se divierten juntos.

Comenta sobre la amistad entre tú y tus amigos.

asentir

Paula **asintió** con una sonrisa.

¿Cómo mueves la cabeza para asentir?

brinco

La liebre desapareció de un **brinco**.

¿Qué animales dan brincos?

corretear

Los niños **corretean** por el campo.

¿Por dónde te gusta corretear?

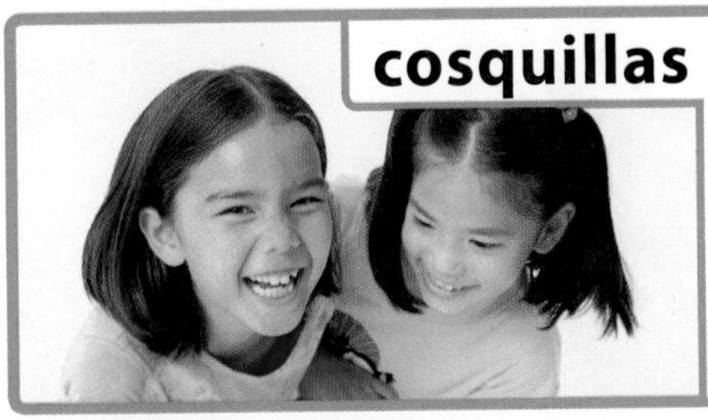

cosquillas

Cuando me hacen **cosquillas** me río mucho.

¿Te gusta que te hagan cosquillas?

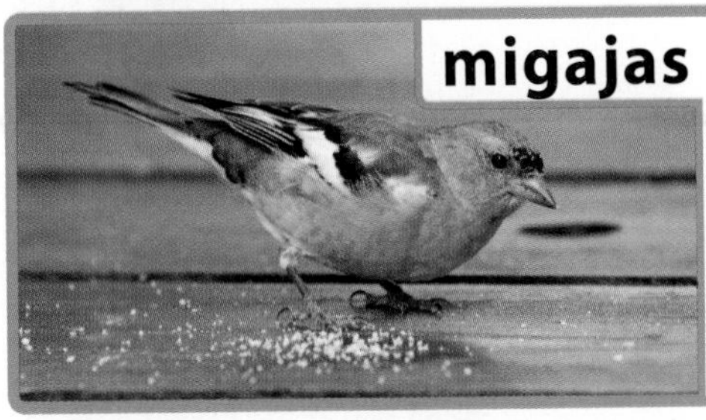

migajas

El pájaro picoteaba las **migajas**.

¿Qué animales también comen migajas?

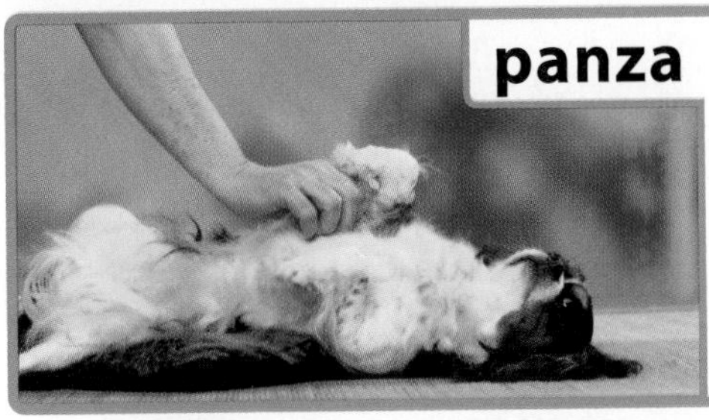

panza

A mi perro le gusta que le acaricien la **panza**.

¿Qué palabra significa lo mismo que panza?

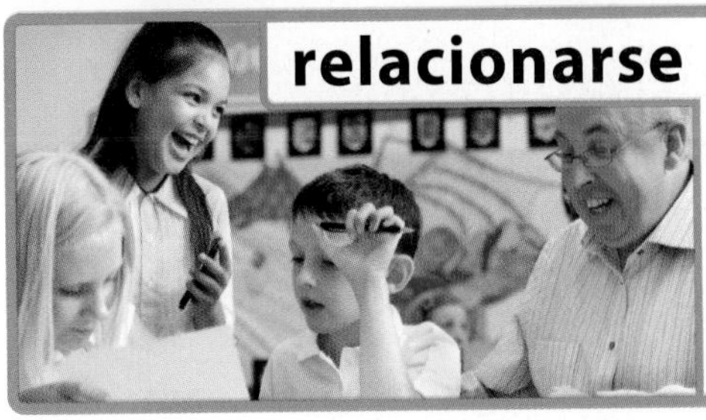

relacionarse

Nuestro maestro se **relaciona** con los niños de la clase.

¿Cómo te relacionas con tu mejor amigo?

Tu turno

COLABORA

Elige tres palabras y escribe tres preguntas para tu compañero o compañera.

¡Conéctate! *Usa el glosario digital ilustrado.*

(t) Fancy/Veer; (tc) Robert Morris/Alamy; (bc) Petra Wegner/Alamy; (b) Chris Schmidt/the Agency Collection/Getty Images

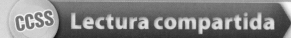

Pregunta esencial

¿Cómo puede una mascota ser un buen amigo?

Lee y descubre cómo un perro puede ser un buen amigo.

Sergio Vera

El señor Carranza, Lía y Usted

Lía no entendía cómo era posible que para Usted un hueso fuera algo tan apetitoso. Ella prefería las galletas de chocolate. Acababa de cumplir siete años. ¡Qué manjares había preparado su mamá! ¡No habían quedado ni las **migajas**! En eso, escuchó un ruido a vidrios rotos.

Usted también se asustó. Lía se asomó a la ventana. No vio nada extraño, así que se fue a jugar a la casa de una amiga. Lía confiaba en Usted. Esperaba que Usted no hiciera travesuras.

Lía regresó al atardecer. Vio a su vecino, el señor Carranza, abriendo con dificultad la puerta de su casa. Tenía una venda sobre los ojos.

—¿Qué le pasó, señor Carranza?

—Tuve un pequeño accidente. Pero quédate tranquila, no es para preocuparse. Pronto me sacarán las vendas.

—¿Puedo ayudarlo en algo?

—No, gracias, Lía. ¿Cómo está Usted?

—Muy bien, señor Carranza.

Lía le llevó un pastel al señor Carranza como prueba de **amistad**.

Usted se abalanzó de un **brinco** sobre él. Lo saludó con un suave ladrido. El señor Carranza acarició los bucles que llegaban hasta la **panza** de Usted y le hizo **cosquillas**.

—¡Vaya sorpresa! ¡Usted está aquí!

—Sí —**asintió** Lía—. Usted siempre está conmigo.

Al tener los ojos vendados, el señor Carranza se había desorientado. No sabía si ir hacia la izquierda, hacia la derecha o hacia atrás.

Despacio, sin **corretear**, Usted lo guiaba hacia el dormitorio y le alcanzaba las pantuflas. Usted acompañó al señor Carranza al supermercado. Lía miraba con sorpresa cómo **se relacionaban** el hombre y el perro.

Usted se comportó como un verdadero lazarillo, un perro que guía a las personas ciegas. Y siguió acompañando al señor Carranza hasta que sus ojos estuvieron curados.

Unos días después, Lía encontró un paquete en su casa. Tenía un papel abrochado. El papel decía:

1 de octubre de 2013

Queridos Lía y Usted:

Quiero que hagamos una fiesta para celebrar la amistad. Los espero el sábado por la tarde. Prepararé un pastel de fresa. Y tendré un hueso suculento para Usted.

Me he recuperado por completo gracias a ti, Lía. Pero, sobre todo, ¡gracias a Usted!

Les envío mis cariños,
el señor Carranza

Haz conexiones

¿Qué acciones convierten a Usted en un buen amigo?
PREGUNTA ESENCIAL

Compara a Usted con una mascota que conozcas. Explica por qué estas mascotas son buenos amigos. **EL TEXTO Y TÚ**

Hacer y responder preguntas

Mientras lees "El señor Carranza, Lía y Usted", hazte preguntas que te ayuden a comprender mejor el cuento.

 Busca evidencias en el texto

En la página 55 de "El señor Carranza, Lía y Usted", ¿qué preguntas puedo hacerme para comprender mejor el cuento?

---

página 55

El señor Carranza, Lía y Usted

Lía no entendía cómo era posible que para Usted un hueso fuera algo tan apetitoso. Ella prefería las galletas de chocolate. Acababa de cumplir siete años. ¡Qué manjares había preparado su mamá! ¡No habían quedado ni las **migajas**! En eso, escuchó un ruido a vidrios rotos.

Usted también se asustó. Lía se asomó a la ventana. No vio nada extraño, así que se fue a jugar a la casa de una amiga. Lía confiaba en Usted. Esperaba que Usted no hiciera travesuras.

Pienso que es extraña la palabra "Usted". Me pregunto quién es Usted. Volveré a leer esta página para intentar responder a mi pregunta.

COLABORA

Tu turno

¿Dónde se produjo el ruido que escuchó Lía? Vuelve a leer la página 55 y trata de hallar la respuesta.

Personaje, ambiente, sucesos

Las imágenes y el texto te dan detalles acerca de los personajes, el ambiente y los sucesos que ocurren en un cuento.

 Busca evidencias en el texto

Mientras miro las ilustraciones de la página 56, aprendo quiénes son los personajes, en qué ambiente están y qué hacen.

Personaje	Ambiente	Sucesos
El señor Carranza	Casa del señor Carranza	Está desorientado.

Tu turno

Vuelve a leer "El señor Carranza, Lía y Usted". Luego completa la tabla.

¡Conéctate! Usa el organizador gráfico interactivo.

Ficción

"El señor Carranza, Lía y Usted" es un relato de ficción. Una **ficción** tiene:

- personajes imaginados por el autor.
- un principio, un desarrollo y un final.

🔍 Busca evidencias en el texto

Puedo darme cuenta de que es una ficción. Tiene un principio, un desarrollo y un final, y personajes imaginados por el autor.

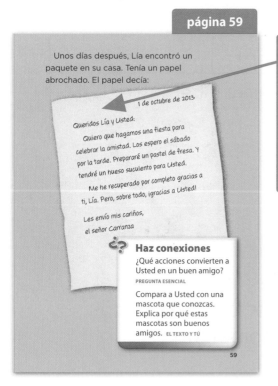

página 59

Unos días después, Lía encontró un paquete en su casa. Tenía un papel abrochado. El papel decía:

1 de octubre de 2013

Queridos Lía y Usted:

Quiero que hagamos una fiesta para celebrar la amistad. Los espero el sábado por la tarde. Prepararé un pastel de fresa. Y tendré un hueso suculento para Usted.

Me he recuperado por completo gracias a ti, Lía. Pero, sobre todo, ¡gracias a Usted!

Les envío mis cariños,
el señor Carranza

Haz conexiones

¿Qué acciones convierten a Usted en un buen amigo? **PREGUNTA ESENCIAL**

Compara a Usted con una mascota que conozcas. Explica por qué estas mascotas son buenos amigos. **EL TEXTO Y TÚ**

59

Estructura del cuento

En el final, el cuento tiene una carta imaginada por el autor. Las cartas muestran otro modo de comunicarse que usan los personajes.

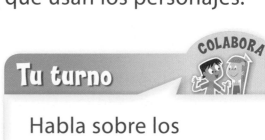

Tu turno COLABORA

Habla sobre los sucesos que ocurren al principio y en el desarrollo del cuento.

Sergio Vera

Claves de contexto

Para entender el significado de las palabras desconocidas, puedes buscar claves en el contexto.

 Busca evidencias en el texto

En la página 56 del cuento, leo la palabra preocuparse. *Me pregunto qué significa esta palabra. El contexto me ayuda a comprender que* preocuparse *es estar intranquilo.*

—Tuve un pequeño accidente. Pero quédate tranquila, no es para preocuparse. Pronto me sacarán las vendas.

Tu turno

Usa las claves de contexto para hallar el significado de las siguientes palabras de "El señor Carranza, Lía y Usted".
   desorientado página 58
   lazarillo página 58

De lectores...

Los escritores usan un lenguaje preciso para que los lectores puedan visualizar mejor. Vuelve a leer el párrafo de "El señor Carranza, Lía y Usted".

Ejemplo modelo

Lenguaje preciso

Observa el lenguaje que el autor eligió en este pasaje. ¿De qué manera el lenguaje preciso ayuda a visualizar mejor el cuento?

Usted se abalanzó de un brinco sobre él. Lo saludó con un suave ladrido. El señor Carranza acarició los bucles que llegaban hasta la panza de Usted y le hizo cosquillas.

—¡Vaya sorpresa! ¡Usted está aquí!

—Sí —asintió Lía—. Usted siempre está conmigo.

Sergio Vera

a escritores

Marcas de corrección

∧ insertar

ᵍ eliminar

≡ mayúscula

espacio

∧ insertar coma
)

Julián escribió una carta a su amigo. Lee la carta de Julián.

Manual de gramática

Página 472

El sujeto

Ejemplo del estudiante

Querido David:

Estoy muy contento. Tengo

un nuevo perro que se llama
^manchado

Max. tiene orejas largas y
  ≡   # ^

patas cortas. Cuando volvemos

de pasear, Max se acuesta a
                    echa ᵍ
                      ^

dormir la siesta. Espero que

puedas venir a conocerlo.

Tu amigo
      ^
)

Julián

Tu turno

COLABORA

- ☑ Identifica las palabras precisas que usó Julián.

- ☑ Identifica los sujetos.

- ☑ Explica cómo mejoró el texto con las correcciones.

¡Conéctate!
Escribe en el rincón del escritor.

Pregunta esencial

¿Cómo cuidamos a los animales?

¡Conéctate!

ImageState/Alamy

Cuidado de animales

Todos los animales tienen necesidades. Las personas les dan a los animales lo que necesitan para vivir.

Los animales necesitan:

► agua y alimentos frescos todos los días.

► aire para respirar.

► un lugar seguro para vivir.

Coméntalo

Trabaja en pareja. Explica cómo las personas cuidan a los animales. Escribe tus ideas en la red de palabras.

Cuidado de un animal

Vocabulario

Mira las fotos y lee las oraciones para comentar
cada palabra con un compañero o una compañera.

alejarse Un oso bebé **se alejó** de
su mamá.

¿Qué palabra indica lo opuesto
a alejarse?

cuidado Yo ayudo con el **cuidado** de mi
hermano menor.

Cuenta cómo cuidas tus útiles.

entusiasmado Las niñas estaban
entusiasmadas con el perrito.

¿Qué cosas te hacen sentir
entusiasmado?

hambriento Los leones **hambrientos**
buscan su alimento.

¿En qué momento del día te
sientes hambriento?

libertad

Los osos y los mapaches viven en **libertad**.

Nombra algún animal que hayas visto en libertad.

necesitar

Todos los animales **necesitan** comida y agua para vivir.

¿Qué necesitas tú?

permitido

No está **permitido** llevar perros a esta playa.

¿Qué cosas están permitidas en la escuela?

refugio

Un **refugio** es un lugar seguro.

¿Conoces algún refugio para animales?

Tu turno

COLABORA

Elige tres palabras y escribe tres preguntas para tu compañero o compañera.

¡Conéctate! **Usa el glosario digital ilustrado.**

Pepper

¿? Pregunta esencial

¿Cómo cuidamos a los animales?

Lee acerca de cómo un niño cuida a su caballo.

¿Alguna vez estuviste en una granja?
Jack vive en una granja. Tiene un caballo
llamado Pepper. Jack ayuda a cuidar a
Pepper. El **cuidado** de un caballo es una
tarea importante. Un caballo **necesita**
muchas cosas para vivir.

Cuando ve a Jack, Pepper da fuertes pisotones y lo saluda moviendo la cabeza.

Todas las mañanas, Jack se despierta a las 5 a. m. Él y su padre van al establo de Pepper. El establo mantiene a Pepper en un **refugio** seguro, protegiéndolo del mal tiempo y otros peligros.

Cuando llega Jack, el caballo se ve **entusiasmado**. Jack sonríe cuando nota que el caballo se pone tan contento.

Primero, Jack le da de comer heno. Mientras Pepper come, Jack limpia el establo. Quita con una pala el heno sucio y el aserrín. Luego, deja paja fresca en el lugar.

Después, Jack acaricia el pelo marrón de Pepper y lo siente suave. Más tarde, Jack se marcha para ir a la escuela. ¡Pero el trabajo aún no terminó!

A las 3 p. m., Jack toma el autobús de regreso a casa. Come algo y hace las tareas. Luego, su madre le da una manzana para Pepper. Después, van a visitarlo.

Jack alimenta a Pepper con heno y agua fresca todos los días.

Andy Crawford and Kit Houghton/Dorling Kindersley/Getty Images

Jack y su madre encuentran a Pepper en el campo. Pepper tiene **permitido** caminar por allí. **Se aleja** mucho, entonces al volver, ¡está **hambriento** y tiene mucha sed!

Cuando están en **libertad**, los caballos corren muchas horas al día. Pero Pepper no vive al aire libre. Jack debe asegurarse de que haga ejercicio.

Pepper debe hacer ejercicio todos los días.

Jack pone la silla de montar sobre Pepper. Coloca el freno en su boca. Su madre hace lo mismo con su caballo, y luego cabalgan juntos.

Una vez que terminan la cabalgata, Jack cepilla a Pepper. Le cepilla la melena, la cola y el pelaje.

El padre de Jack controla que no hayan quedado piedras en los cascos de Pepper. Si encuentra alguna, debe quitársela.

Por último, Jack le da más heno a Pepper y vuelve a llenar su cubo de agua. "Hasta mañana", dice Jack. Pepper mueve su cabeza como si dijera "¡Te estaré esperando!".

🤔 Haz conexiones

¿Cómo cuidan las personas a los caballos? PREGUNTA ESENCIAL

Compara las necesidades de los caballos con las de otra mascota que conozcas. ¿Cuál necesita más cuidado? EL TEXTO Y TÚ

Ole Reidar Gumberg/Alamy

Hacer y responder preguntas

Hacerte preguntas mientras lees te ayuda a pensar sobre partes del cuento que quizá no notaste o no comprendiste.

 Busca evidencias en el texto

En la página 71 de "Pepper", leí que un caballo necesita muchas cosas. Me pregunto: "¿Qué cosas necesita un caballo?".

página 72

Todas las mañanas, Jack se despierta a las 5 a. m. Él y su padre van al establo de Pepper. El establo mantiene a Pepper en un **refugio** seguro, protegiéndolo del mal tiempo y otros peligros.

Cuando llega Jack, el caballo se ve **entusiasmado**. Jack sonríe cuando nota que el caballo se pone tan contento.

Primero, Jack le da de comer heno. Mientras Pepper come, Jack limpia el establo. Quita con una pala el heno sucio y el aserrín. Luego, deja paja fresca en el lugar.

72

Leo que Jack alimenta a Pepper con heno. Esto me ayuda a comprender que Jack cuida a Pepper y le da lo que necesita.

Tu turno

COLABORA

Piensa una pregunta sobre qué necesita Pepper. Vuelve a leer para encontrar la respuesta a tu pregunta.

Detalles clave

Puedes encontrar detalles importantes en las fotos y en el texto de una selección.

 Busca evidencias en el texto

Cuando leo el texto y el pie de foto, en la página 72 de "Pepper", comprendo que Jack cuida a Pepper. El animal reconoce a Jack y le muestra que él también lo quiere.

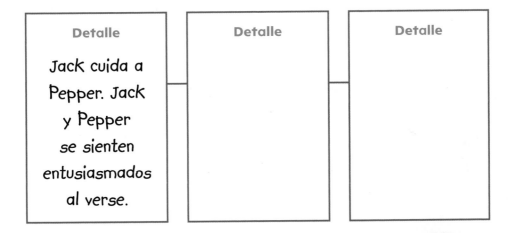

Detalle	Detalle	Detalle
Jack cuida a Pepper. Jack y Pepper se sienten entusiasmados al verse.		

COLABORA

Tu turno

Continúa leyendo la selección. Luego completa el organizador gráfico.

¡Conéctate! **Usa el organizador gráfico interactivo.**

Narrativa de no ficción

"Pepper" es una narrativa de no ficción. La **narrativa de no ficción:**

- trata sobre personas o cosas reales.
- es algo que cuenta un narrador.
- puede tener fotografías y pies de foto.

Busca evidencias en el texto

Sé que es una narrativa de no ficción porque cuenta cómo cuida un niño a un caballo y usa fotografías y pies de foto que dan información.

página 72

Cuando lo ve a Jack, Pepper da fuertes pisotones y lo saluda moviendo la cabeza.

Todas las mañanas, Jack se despierta a las 5 a. m. Él y su padre van al establo de Pepper. El establo mantiene a Pepper en un **refugio** seguro, protegiéndolo del mal tiempo y otros peligros.

Cuando llega Jack, el caballo se ve **entusiasmado**. Jack sonríe cuando nota que el caballo se pone tan contento.

Primero, Jack le da de comer heno. Mientras Pepper come, Jack limpia el establo. Quita con una pala el heno sucio y el aserrín. Luego, deja paja fresca en el lugar.

72

Características del texto

- Las **fotografías** son imágenes.
- Los **pies de foto** describen fotografías.

Tu turno

COLABORA

Busca otras fotografías con pie de foto. Cuenta lo que aprendes de ellas.

Raíces de palabras

Para entender el significado de una palabra que no sabes, trata de separar la raíz de la palabra de su terminación.

 Busca evidencias en el texto

Cuando leo la palabra terminó, *puedo separar la raíz de la palabra* termin–, *que significa "acabar con algo", de la terminación* –ó. Terminó *me indica que una sola persona acabó algo en el pasado.*

¡Pero el trabajo aún no terminó!

COLABORA

Tu turno

Usa las raíces para comprender el significado de otras palabras en "Pepper".

cepilla, página *75*

esperando, página *75*

De lectores...

Los escritores ponen sus ideas en orden, o en una secuencia, usando palabras como *primero, luego, después* y *por último*. Vuelve a leer el fragmento de "Pepper".

Organización
Secuencia
Identifica las palabras que muestran la secuencia. ¿Cómo te ayudan?

Carol Walker/naturepl.com

Ejemplo modelo

Primero, Jack le da de comer heno. Mientras Pepper come, Jack limpia el establo. Quita con una pala el heno sucio y el aserrín. Luego, deja paja fresca en el lugar.

Después, Jack acaricia el pelo marrón de Pepper y lo siente suave. Más tarde, Jack se marcha para ir a la escuela. ¡Pero el trabajo aún no terminó!

80

a escritores

Marcas de corrección

∧ insertar

⊙ agregar punto

/ minúscula

ꝰ eliminar

∧̣ insertar coma

Manual de gramática

Página 472

El predicado

Mia escribió un texto informativo.
Lee las correcciones que hizo.

Ejemplo del estudiante

Cuidar a un perro

Un perro necesita amor y

cuidado. Primero, debes sacarlo

a pasear por la mañana. Darle
                   y ∧

comida, agua, caricias y mimos.
      ∧   ∧

   Por último, sacarlo a pasear
                       jugar ∧

a la noche. Recuerda con tu
                ⊙

perro Bánalo cuando esté
      ∧

sucio Llévalo al veterinario una
     y ∧

vez por año.

Tu turno

COLABORA

☑ Identifica las
  palabras que usó
  Mia para armar la
  secuencia.
☑ Identifica los
  predicados.
☑ Explica cómo
  mejoró el
  texto con las
  correcciones.

¡Conéctate!
Escribe en el rincón del escritor.

81

Pregunta esencial

¿Qué ocurre cuando las familias trabajan juntas?

¡Conéctate!

Jose Luis Pelaez Inc/Blend Images/Getty Images

Cómo trabajan las familias

Una niña y su mamá trabajan juntas para preparar un pastel. Se pueden hacer las tareas trabajando juntos ¡y que sea muy divertido! Las familias trabajan juntas de muchas formas diferentes.

► Las familias hacen las tareas del hogar, como, por ejemplo, cocinar y limpiar.

► También, van todos juntos a comprar comida y ropa y piensan en el precio.

Coméntalo

Habla en pareja acerca de cómo trabaja junta tu familia. Escribe tus ideas en la red.

Las familias trabajan juntas

Vocabulario

Mira las fotos y lee las oraciones para comentar cada palabra con un compañero o una compañera.

cliente

Los **clientes** hicieron cola para comprar limonada.

¿Por qué las tiendas necesitan tener clientes?

costar

Jordan pregunta cuánto **cuesta** esa camisa.

¿Puedes nombrar dos cosas que cuesten mucho dinero?

elegir

Julián **elegirá** una camisa.

¿Vamos a elegir un regalo para mamá?

gastar

William decidió **gastar** su dinero en una merienda.

¿En qué te gusta gastar tu dinero?

herramienta

Tom y su papá usaron **herramientas** para construir una casa para pájaros.

¿Qué herramientas sabes usar?

quehaceres

Laura debe terminar rápido sus **quehaceres**.

¿Qué palabra significa lo mismo que quehaceres?

revisar

Mamá **revisa** el casco de Tina para asegurarse de que le queda bien.

¿Qué necesitarías revisar tú?

trabajo

En un hospital, ser enfermera y ser médico son dos **trabajos** distintos.

Nombra otros trabajos.

Tu turno

COLABORA

Elige tres palabras y escribe tres preguntas para tu compañero o compañera.

¡Conéctate! **Usa el glosario digital ilustrado.**

Masterfile

🤔 Pregunta esencial

¿Qué ocurre cuando las familias trabajan juntas?

Lee sobre cómo trabaja una familia para conseguir lo que necesita.

¡Trabajo de familia!

¡Ellen Yung tuvo un día de trabajo muy ocupado! Enyesó un brazo roto. Cubrió un corte profundo con una venda y ayudó a veinte pacientes. Ellen es doctora de niños. Sus pacientes pueden enfermarse en cualquier momento. Por eso los pediatras trabajan muchas horas. Es un **trabajo** difícil. El marido de Ellen también trabaja muchas horas. Steve es bombero. En el cuartel de bomberos, se asegura de que las **herramientas** funcionen correctamente. **Revisa** las mangueras y los camiones. En los incendios, todos los bomberos trabajan juntos para apagar el fuego.

PBNJ Productions/Blend Images/Getty Images

Cuando suena la alarma, Steve se pone rápidamente el equipo.

Los miembros de la familia Yung también trabajan juntos en casa. Hanna pone la mesa para cenar. Además, ayuda a lavar los platos. Todos tienen **quehaceres** semanales. Hanna y su mamá quitan el polvo y limpian los pisos. El papá y Zac, su hermano, lavan y secan la ropa. La mamá hace una lista para las compras todas las semanas. Son **clientes** de un gran supermercado. Zac quería una computadora portátil nueva. La familia necesitaba una lavadora nueva. Solo podían **gastar** dinero en una de las dos cosas. Ambas **costaban** lo mismo. Tuvieron que **elegir**. Se necesita ropa limpia. Una computadora nueva es algo lindo. Pero Zac, ¿realmente necesitaba tenerla? Ellen y Steve pensaron en las necesidades de su familia. Decidieron comprar la lavadora.

El hermano de Hanna, Zac, ayuda con la comida.

(t) hana/Datacraft/Imagenavi/Getty Images; (b) MIXA next/Getty Images

Nombra necesidades y deseos.

Necesidades	Deseos
Agua	Patineta
Alimento	Videojuego
Refugio	Pelota de baloncesto
Ropa	

Zac sabe que sus padres trabajan mucho. Llevan dinero a casa para poder pagar sus necesidades y sus deseos. Necesitaban la lavadora. Zac aún quiere una computadora. La familia decidió ahorrar un poco de dinero todas las semanas para poder comprarla en el futuro.

Haz conexiones

¿Cómo trabajan juntos los miembros de la familia Yung? **PREGUNTA ESENCIAL**

¿En qué se parecen y en qué se diferencian tu familia y la familia de esta historia? **EL TEXTO Y TÚ**

(l) McGraw-Hill Companies, Inc./Ken Karp, photographer; (r) C Squared Studios/Photodisc/Getty Images

Hacer y responder preguntas

Hacerte preguntas mientras lees te ayuda a pensar sobre partes del cuento que quizá no notaste o no comprendiste.

 Busca evidencias en el texto

Mientras leo la página 88 de "¡Trabajo de familia!" me pregunto: "¿Por qué la familia decidió comprar una lavadora en lugar de una computadora?". Volveré a leer el texto para encontrar la respuesta.

página 88

gran supermercado. Zac quería una computadora portátil nueva. La familia necesitaba una lavadora nueva. Solo podían **gastar** dinero en una de las dos cosas. Ambas **costaban** lo mismo. Tuvieron que **elegir**. Se necesita ropa limpia. Una computadora nueva es algo lindo. Pero Zac, ¿realmente necesitaba tenerla? Ellen y Steve pensaron en las necesidades de su familia. Decidieron comprar la lavadora.

Leo que Zac quería una computadora, pero la familia necesitaba una lavadora. Comprendo que la familia tuvo que elegir qué comprar.

 COLABORA

Tu turno

Piensa una pregunta que puedas hacer sobre la historia. Vuelve a leer la selección para encontrar la respuesta a esa pregunta.

Detalles clave

Los detalles clave son los datos importantes de un texto. Los detalles clave se encuentran en el texto y en las fotografías de la selección.

 Busca evidencias en el texto

Cuando leo las páginas 86 y 87 y observo las fotografías de "¡Trabajo de familia!" entiendo que Ellen Yung es pediatra. Su marido, Steve, es bombero. Los dos trabajan lejos de su casa.

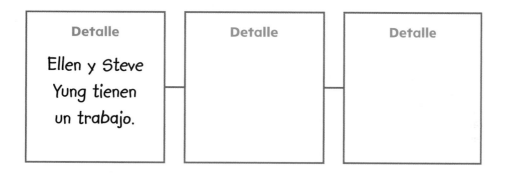

Detalle	Detalle	Detalle
Ellen y Steve Yung tienen un trabajo.		

Tu turno

COLABORA

Continúa leyendo la selección. Luego, completa los detalles clave en el organizador gráfico.

¡Conéctate! **Usa el organizador gráfico interactivo.**

Texto expositivo

"¡Trabajo de familia!" es un texto expositivo.
El **texto expositivo**:
- brinda información sobre un tema.
- puede tener fotografías y cuadros.

 Busca evidencias en el texto

Sé que "¡Trabajo de familia!" es un texto expositivo porque informa cómo la familia trabaja junta para conseguir lo que necesita. También tiene fotografías y cuadros.

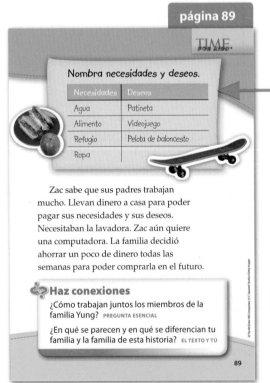

página 89

TIME

Nombra necesidades y deseos.

Necesidades	Deseos
Agua	Patineta
Alimento	Videojuego
Refugio	Pelota de baloncesto
Ropa	

Zac sabe que sus padres trabajan mucho. Llevan dinero a casa para poder pagar sus necesidades y sus deseos. Necesitaban la lavadora. Zac aún quiere una computadora. La familia decidió ahorrar un poco de dinero todas las semanas para poder comprarla en el futuro.

Haz conexiones

¿Cómo trabajan juntos los miembros de la familia Yung? PREGUNTA ESENCIAL

¿En qué se parecen y en qué se diferencian tu familia y la familia de esta historia? EL TEXTO Y TÚ

89

Características del texto

Un **cuadro** muestra la información organizada. Los datos pueden aparecer en filas o en columnas.

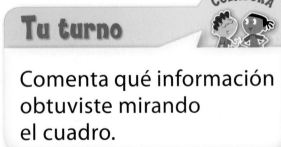

COLABORA

Tu turno

Comenta qué información obtuviste mirando el cuadro.

Terminaciones de palabras

Para entender el significado de una palabra que no conoces, trata de separar la terminación de la palabra de su raíz.

 Busca evidencias en el texto

Al leer la palabra platos, *puedo separar* plato– *de su terminación* –s, *que significa "más de uno".* Platos *significa "más de un plato".*

Además, ayuda a lavar los platos.

COLABORA

Tu turno

Señala las terminaciones y el significado de las siguientes palabras en "¡Trabajo de familia!":
horas, página 87
ayudó, página 87

 # De lectores...

Los escritores usan oraciones cortas y largas. Esto hace que lo que escribieron sea más interesante. Vuelve a leer esta parte de "¡Trabajo de familia!".

Fluidez de la oración

Identifica dos **tipos de oraciones**. ¿Cómo mejoran la escritura?

Ejemplo modelo

Ambas costaban lo mismo. Tuvieron que elegir. Se necesita ropa limpia. Una computadora nueva es algo lindo. Pero Zac, ¿realmente necesitaba tenerla? Ellen y Steve pensaron en las necesidades de su familia. Decidieron comprar la lavadora.

a escritores

Marcas de corrección

∧ insertar

⸾ eliminar

⊙ agregar punto

Manual de gramática

Página 472
Combinar oraciones

José escribió un texto expositivo.
Lee sus correcciones.

Ejemplo del estudiante

Las familias trabajan juntas

El Sr. Méndez es director

de un colegio. La Sra. Méndez

¿Qué sucede cuando se van a casa?

es chef.∧En casa, hay más

trabajo para hacer⊙Sus hijos
∧

los ayudan. Martha ayuda a

cocinar⸾Sam ayuda a lavar
∧

los platos.

—¡Todos trabajamos juntos

para hacer todo! —dice Sam.

Tu turno COLABORA

☑ Identifica los tipos de oraciones que usó José.

☑ Busca dos oraciones que José haya combinado.

☑ Explica cómo mejoró el texto con las correcciones.

¡Conéctate!
Escribe en el rincón del escritor.

El misterio
de los animales

Mariposa del aire

Mariposa del aire,
qué hermosa eres,
mariposa del aire,
dorada y verde.
Luz de candil,
mariposa del aire,
¡quédate ahí, ahí, ahí!...
No te quieres parar,
pararte no quieres.
Mariposa del aire,
dorada y verde.
Luz de candil,
mariposa del aire,
¡quédate ahí, ahí, ahí!...
¡Quédate ahí!
Mariposa, ¿estás ahí?

Federico García Lorca

La gran idea

¿Qué lugar ocupan los animales en el mundo que nos rodea?

Pregunta esencial

¿Qué hacen los animales para sobrevivir?

¡Conéctate!

Vincent Grafhorst/Foto Natura/Minden Pictures

Supervivencia
animal

Las suricatas viven en lugares cálidos y secos. Tienen distintas maneras de adaptarse al calor:

► Viven en madrigueras subterráneas.

► Tienen una piel delgada.

► Buscan alimento temprano, en las horas tibias de la mañana.

Coméntalo

Habla con un compañero sobre cómo sobreviven los animales en los climas cálidos. Escribe tus ideas en la red conceptual.

Vocabulario

Mira las fotos y lee las oraciones para comentar cada palabra con un compañero o una compañera.

adaptarse

La piel gruesa ayuda al oso polar a **adaptarse** al agua congelada.

¿Cómo te adaptas al clima frío?

agitado

Regresé **agitado** del partido de béisbol.

¿Qué haces cuando te sientes agitado?

alrededor

Aquella noche, cantamos **alrededor** de la fogata.

¿Qué descubres si miras a tu alrededor?

amainar

Cuando **amainó** la tormenta, me sentí más tranquila.

¿Qué haces cuando amaina una tormenta?

clima Tomás vive en un lugar con **clima** cálido y soleado.

¿Cómo es el clima donde vives?

estanque En el **estanque** había peces muy coloridos.

¿Qué otras cosas puedes encontrar en un estanque?

infundir Mi abuela siempre me **infunde** buenos sentimientos.

¿Quiénes te infunden ánimo para superar los problemas?

matorral Los ciervos se alimentaron en un **matorral**.

¿Cómo es un matorral?

COLABORA

Tu turno

Elige tres palabras y escribe tres preguntas para tu compañero o compañera.

¡Conéctate! *Usa el glosario digital ilustrado.*

(t) 24BY36/Alamy; (tc) Myimagefiles/Alamy; (bc) José Luis Pelaez/Blend Images/Getty Images; (b) Richard Wear/Designpics

Juguemos en la nieve

¿ Pregunta esencial

¿Qué hacen los animales para sobrevivir?

Lee sobre cómo observar a los animales nos enseña a sobrevivir.

Santiago vive en Honduras, un país cálido. Pasa los inviernos con ropa ligera jugando en los **matorrales**.

Ahora está de visita en la casa de sus tíos Natalia y Andrés. Ellos viven en el centro de Canadá, en una región muy fría. Su primo Julián anda por la nieve como si estuviera en la playa. A veces, hasta parece **agitado**. Santiago se pregunta por qué Julián no se congela.

Los primos juegan en la plaza del pueblo. Santiago tiembla y piensa en una taza enorme de chocolate caliente. Julián, en cambio, quiere jugar a las escondidas cerca del **estanque**. Santiago se siente confundido. Le parece imposible soportar tanto frío. Mira el hielo que hay a su **alrededor**.

—¿No sería mejor esperar a que **amaine** la tormenta?

—No, Santiago —dice Julián—. No existe el mal **clima**. Existe la ropa equivocada.

Ana Favazza

—Vamos, primo —dice Julián—.
Disfrutemos del aire fresco. Aprendamos de
los animales.

Entonces, Julián dice que los animales **se
adaptan** muy bien al clima.

Le habla de los osos polares. Estos
animales tienen un pelaje grueso y abrigado.
También duermen durante todo el invierno.
Sus garras los ayudan a no resbalarse en el
hielo. Sus ojos les permiten ver en la bruma.
La naturaleza es maravillosa. Los animales
siempre encuentran un modo de sobrevivir.
Hay que aprender de ellos.

Entonces, Santiago comprende que Julián le **infunde** ánimos. Le enseña a soportar el frío extremo. Santiago recuerda que su padre le contó que los animales submarinos también se adaptaron al medio en que viven.

Ahora Santiago debe regresar a su casa. Pasó una temporada muy hermosa jugando en la nieve con su primo Julián.

Sus tíos Natalia y Andrés lo abrazan en el aeropuerto.

—Te vamos a extrañar —le dice Julián.

Pero pronto se verán nuevamente. Julián irá a visitar a Santiago a su país cálido. Santiago ya le enseñó a adaptarse al calor extremo.

—Aprendí mucho de los osos polares —dice Santiago antes de subir al avión.

—¡Y yo aprenderé mucho de los lagartos! —dice Julián.

Haz conexiones

¿Qué hacen los osos polares para sobrevivir en el frío?
PREGUNTA ESENCIAL

Piensa en otro animal que conozcas. ¿Cómo sobrevive al clima de su hábitat?
EL TEXTO Y TÚ

Hacer predicciones

Usa lo que ya sabes y lo que leíste en el cuento para predecir, o adivinar, lo que sucederá después.

Busca evidencias en el texto

En la página 103 de "Juguemos en la nieve", predigo que Julián le enseñará algo a Santiago acerca de vivir en un lugar frío.

página 105

—Vamos, primo —dice Julián—. Disfrutemos del aire fresco. Aprendamos de los animales.

Entonces, Julián dice que los animales **se adaptan** muy bien al clima.

Le habla de los osos polares. Estos animales tienen un pelaje grueso y abrigado. También duermen durante todo el invierno. Sus garras los ayudan a no resbalarse en el hielo. Sus ojos les permiten ver en la bruma. La naturaleza es maravillosa. Los animales

En la página 105, leo que dice: "Disfrutemos del aire fresco. Aprendamos de los animales". Confirmo mi predicción.

COLABORA

Tu turno

Vuelve a leer la página 105. ¿Qué predices que sucederá después? Lee las claves en el texto para comprobar si tu predicción es correcta.

Trama

La trama está compuesta por los sucesos que ocurren al principio, en el desarrollo y al final del cuento.

Busca evidencias en el texto

Cuando leo "Juguemos en la nieve", pienso en la trama, o en lo que ocurre en el cuento.

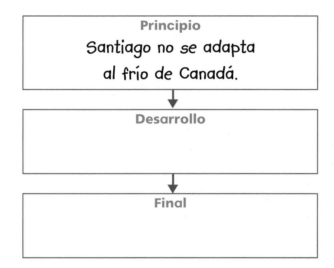

Principio
Santiago no se adapta al frío de Canadá.

↓

Desarrollo

↓

Final

Tu turno

Vuelve a leer el cuento. Después completa el organizador gráfico.

¡Conéctate! Usa el organizador gráfico interactivo.

Ficción

"Juguemos en la nieve" es un cuento de ficción. La **ficción**:

- tiene personajes imaginados por el autor.
- tiene un principio, un desarrollo y un final.

 **Busca evidencias en el texto**

Me doy cuenta de que "Juguemos en la nieve" es una ficción. Santiago y Julián son personajes imaginados por el autor.

página 106

Entonces, Santiago comprende que Julián le **infunde** ánimos. Le enseña a soportar el frío extremo. Santiago recuerda que su padre le contó que los animales submarinos también se adaptaron al medio en que viven.

Ahora Santiago debe regresar a su casa. Pasó una temporada muy hermosa jugando en la nieve con su primo Julián.

Sus tíos Natalia y Andrés lo abrazan en el aeropuerto.

106

Usar ilustraciones

Las ilustraciones me muestran que Santiago, sus tíos y su primo están en un aeropuerto. Esto fue imaginado por el autor.

 COLABORA

Tu turno

Da dos ejemplos de por qué sabes que este cuento es una ficción.

Prefijos

Un prefijo es una parte al inicio de una palabra. Puedes separar los prefijos, como *im-* o *sub-*, de la raíz de la palabra.

Busca evidencias en el texto

No estoy seguro de qué significa la palabra imposible. *Sé que* posible *significa que puede* suceder. *El prefijo* im- *significa* no. *Entonces, pienso que* imposible *significa que no puede* suceder.

Le parece imposible soportar tanto frío.

Tu turno

COLABORA

Usa los prefijos para hallar el significado de las siguientes palabras de "Juguemos en la nieve".

submarinos, página 106

aeropuerto, página 106

Ana Favazza

De lectores...

Los escritores comparten sus ideas describiendo con detalles las acciones, los pensamientos y los sentimientos. Vuelve a leer este pasaje de "Juguemos en la nieve".

Ejemplo modelo

Ideas
Identifica dos **detalles descriptivos**. ¿Cómo te ayudan esos detalles a explicar las **ideas**?

Le habla de los osos polares. Estos animales tienen un pelaje grueso y abrigado. También duermen durante todo el invierno. Sus garras los ayudan a no resbalarse en el hielo.

Ana Favazza

a escritores

Marcas de corrección

≡ mayúscula

∧ insertar

⟍ eliminar

¶ párrafo nuevo

Elisa escribió una historia de ficción. Lee las correcciones que hizo Elisa.

Manual de gramática

Página 472

Sustantivos

Ejemplo del estudiante

Un dromedario en el zoológico

al zoológico

rosa fue de excursión. Ella

está entusiasmada

quiere por ver al dromedario.

gran

Ahora puede ver un

elegante

dromedario con una joroba

¶

en la espalda. rosa está feliz

de ver a un animal

del desierto.

Tu turno

COLABORA

- ☑ Identifica los detalles que describe Elisa.
- ☑ Identifica los sustantivos comunes y propios.
- ☑ Explica cómo mejoró el texto con las correcciones.

¡Conéctate!
Escribe en el rincón del escritor.

Pregunta esencial

¿Qué nos pueden enseñar las historias de animales?

 ¡Conéctate!

Mircea Catusanu

114

Lecciones de animales

¿Conoces la fábula de la liebre y la tortuga? La liebre está ganando una carrera contra la tortuga y se toma un descanso. ¡Entonces la tortuga se apura y gana la carrera!

▶ Los animales en las fábulas nos enseñan lecciones.

▶ Los animales en las fábulas nos ayudan a aprender sobre los demás.

Coméntalo

Habla en pareja sobre las lecciones que aprendemos en fábulas con animales. Escribe tus ideas en la red conceptual.

Vocabulario

Mira las fotos y lee las oraciones para comentar cada palabra con un compañero o una compañera.

hilera

Esperamos el autobús en una **hilera** ordenada.

¿En qué ocasiones formas parte de una hilera?

hormiguero

El **hormiguero** está junto al árbol de mi jardín.

¿En qué otros lugares puedes hallar un hormiguero?

inmediato

Mi perro se durmió de **inmediato**.

¿Dónde te duermes de inmediato?

lección

Aprendí la **lección** que me dio la profesora de piano.

¿Qué lecciones aprendes en la escuela?

(t) Purestock/Alamy; (tc) Mark Moffett/Minden Pictures/Getty Images; (bc) Ryan McVay/Photolibrary; (b) amana images inc/Alamy

recolectar

El niño **recolecta** naranjas del jardín.

¿Qué otras cosas puedes recolectar?

suficiente

Teníamos **suficiente** comida para todos los invitados.

¿Cuánta comida es suficiente para ti en una fiesta?

trasladar

Nos **trasladaremos** en avión hasta las montañas.

¿Qué otros modos de trasladarse utilizan las personas?

versión

Anoche leímos en familia una nueva **versión** de un cuento.

¿De qué otras cosas conoces más de una versión?

Tu turno

COLABORA

Elige tres palabras y escribe tres preguntas para tu compañero o compañera.

¡Conéctate! *Usa el glosario digital ilustrado.*

La cigarra y las hormigas

¿? Pregunta esencial

¿Qué nos pueden enseñar las historias de animales?

Lee para saber qué aprende la cigarra.

La cigarra había cantado durante toda la mañana. Pero no le parecía **suficiente**. Tenía una tarde soleada por delante. Ahora se preparaba a seguir cantando. La cigarra nunca se aburría.

Una **hilera** de hormigas trabajadoras pasaba frente a ella. "¿Cuándo van a disfrutar del verano?", se preguntaba la cigarra. La noche las encontraría muy cansadas.

Y mientras la cigarra cantaba, las hormigas **trasladaban** hojas. "Seguramente el **hormiguero** está cerca", se dijo la cigarra.

Razz

—Disculpen, hormigas —dijo la cigarra—.
¿Por qué no disfrutan del sol? ¡Ya
recolectaron muchas hojas!

—¡El invierno llegará pronto! —dijo una
hormiga.

—Falta mucho tiempo para el invierno —
dijo la cigarra. Y entonó una **versión** nueva
de su canción favorita.

Razz

Pasaron días, semanas y meses. Pasaron las tardes soleadas. Y llegó el invierno. Y las hormigas, ¿dónde estaban?

Ahora la cigarra no podía sentarse en una rama nevada. No conseguía comida en las plantas sin hojas. No podía beber en el arroyo congelado. Y las hormigas, ¿dónde estaban?

La cigarra andaba perdida entre el viento, la oscuridad y la nieve. Entre los paisajes solitarios, el cielo nublado y las tardes sin canciones. Y las hormigas, ¿dónde estaban?

Entonces, luego de pasar hambre y luchar contra el frío, la cigarra llegó a la puerta del hormiguero. Se asomó a la ventana. Las hormigas bailaban y cantaban junto al fuego del hogar. Sobre una mesa había hojas y frutos. Las hormigas se divertían, comían y descansaban.

La cigarra estaba congelada. Tuvo que hacer un gran esfuerzo para golpear a la puerta. Una hormiga le abrió de **inmediato**.

—Disculpen, hormigas —dijo la cigarra—. Tengo hambre, sed y frío.

La hormiga la miró de arriba abajo y le dijo:

—Cuando tú disfrutabas del verano, nosotras trabajábamos. Y tú creías que éramos tontas. Ahora nosotras podemos disfrutar y tú no tienes nada para comer ni abrigarte. Hay que ser ordenado en la vida. Si no te preparas, el próximo invierno volverás a pasar necesidades. Espero que hayas aprendido la **lección**. Pasa, aquí hay calor, comida y buenas amigas.

La cigarra y las hormigas pasaron juntas el invierno. Bailaron, cantaron y comieron.

En el verano siguiente, la cigarra trabajó con las hormigas. Y mientras lo hacían, cantaban todas bajo el sol.

Moraleja: Debemos ser prevenidos para no vernos en dificultades.

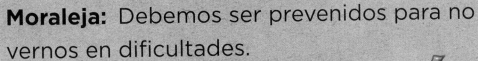

¿? **Haz conexiones**

¿Qué aprendiste al leer esta fábula? PREGUNTA ESENCIAL

Explica en qué te pareces o en qué te diferencias de las hormigas. EL TEXTO Y TÚ

Hacer predicciones

Usa lo que ya sabes y lo que leíste en el cuento para predecir, o adivinar, lo que sucederá después.

🔍 Busca evidencias en el texto

Al leer la página 119 de "La cigarra y las hormigas", predigo que la cigarra preguntará a las hormigas por qué no disfrutan del verano.

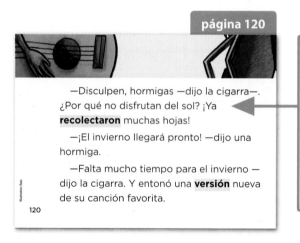

página 120

—Disculpen, hormigas —dijo la cigarra—. ¿Por qué no disfrutan del sol? ¡Ya **recolectaron** muchas hojas!

—¡El invierno llegará pronto! —dijo una hormiga.

—Falta mucho tiempo para el invierno — dijo la cigarra. Y entonó una **versión** nueva de su canción favorita.

120

En la página 120, leo que la cigarra pregunta a las hormigas: "¿Por qué no disfrutan del sol?". Esto confirma mi predicción.

Tu turno

COLABORA

¿Qué predices que sucederá después del verano? Después de leer el cuento completo, comenta si confirmaste o revisaste tu predicción.

Problema y solución

La trama muestra cuál es el problema sobre el que trata un cuento. La solución es cómo resuelven ese problema los personajes al final del cuento.

 Busca evidencias en el texto
En el desarrollo de "La cigarra y las hormigas", leo cuál es el problema de la cigarra.

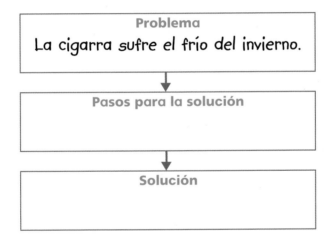

Problema
La cigarra sufre el frío del invierno.

Pasos para la solución

Solución

 COLABORA

Tu turno

Vuelve a leer la fábula. Piensa en cómo se resolvió el problema. Después completa el organizador gráfico.

¡Conéctate! Usa el organizador gráfico interactivo.

Fábula

"La cigarra y las hormigas" es una **fábula** porque:
- es una historia que nos enseña una lección.
- tiene un principio, un desarrollo y un final.

 Busca evidencias en el texto

Puedo darme cuenta de que "La cigarra y las hormigas" es una fábula. Nos enseña una lección, y tiene un principio, un desarrollo y un final.

página 119

La cigarra había cantado durante toda la mañana. Pero no le parecía **suficiente**. Tenía una tarde soleada por delante. Ahora se preparaba a seguir cantando. La cigarra nunca se aburría.

Una **hilera** de hormigas trabajadoras pasaba frente a ella. "¿Cuándo van a disfrutar del verano?", se preguntaba la cigarra. La noche las encontraría muy cansadas.

Y mientras la cigarra cantaba, las hormigas **trasladaban** hojas. "Seguramente el **hormiguero** está cerca", se dijo la cigarra.

119

Estructura del cuento

Al **principio** de la fábula, la cigarra disfruta del verano mientras las hormigas trabajan. En el **desarrollo**, llega el invierno y la cigarra no tiene dónde protegerse.

 **COLABORA**

Tu turno

Explica cómo la cigarra aprende una lección al **final** de la fábula.

Sufijos

Un sufijo es una partícula o una sílaba al final de una palabra. Puedes separar los sufijos, como *-ado* o *-dor*, de la raíz de la palabra.

Busca evidencias en el texto

No estoy seguro de qué significa la palabra soleada. *La raíz es* sol. *El sufijo* –ado, -ada *significa* lleno de algo. *Entonces, pienso que* soleada *significa* llena de sol.

Tenía una tarde soleada por delante.

Tu turno

COLABORA

Usa los sufijos para hallar el significado de las siguientes palabras de "La cigarra y las hormigas".

trabajadoras, página 119

seguramente, página 119

Razz

De lectores...

Los escritores explican sus ideas usando detalles de apoyo. Vuelve a leer este pasaje de "La cigarra y las hormigas".

Ejemplo modelo

Ideas

¿Qué **detalles de apoyo** usa el escritor para ayudarte a comprender los problemas que tiene la cigarra?

Ahora la cigarra no podía sentarse en una rama nevada. No conseguía comida en las plantas sin hojas. No podía beber en el arroyo congelado. Y las hormigas, ¿dónde estaban?

Razz

a escritores

Alina volvió a escribir el comienzo de la fábula. Lee las correcciones que hizo Alina.

Marcas de corrección

∧ insertar

⸜ eliminar

≡ mayúscula

⊓ cambiar el orden

Manual de gramática
Página 472
Sustantivo

Ejemplo del estudiante

La hormiga y la cigarra

la hormiga tenía ganas de
≡

salir de su casa. Había

estado ~~estado~~ encerrada

todo el invierno. Todo afuera,

estaba muy verde. Las hojas

empezaban a crecer. Las otras

hormiga^s también querían salir.
   ∧

Tu turno

- ☑ Identifica los detalles que describe Alina.
- ☑ Identifica los sustantivos masculinos y femeninos.
- ☑ Explica cómo mejoró el texto con las correcciones.

¡Conéctate!
Escribe en el rincón del escritor.

¿? Pregunta esencial

¿Cuáles son las características de los hábitats de distintos animales?

¡Conéctate!

¿Dónde viven los animales?

¡Hola! Soy un búho. Vivo en un lugar especial en medio de la naturaleza. Vivo en un hábitat forestal. Vivo aquí porque:

► Mis plumas son del mismo color que los árboles. Esto me ayuda a esconderme de los depredadores.

► Puedo vivir dentro de este agujero. Mis pichones estarán seguros.

Coméntalo

Habla con un compañero sobre las razones por las que los animales viven en hábitats forestales. Escribe tus ideas en el esquema.

Vocabulario

Mira las fotos y lee las oraciones para comentar cada palabra con un compañero o una compañera.

asomarse

Kate **se asoma** por detrás de un árbol.

Muestra cómo una persona se asoma por detrás de algo.

enterrado

El auto estaba **enterrado** en la nieve.

¿Qué cosas encontraste enterradas?

escapar

El gato pudo **escapar** a través de la cerca.

¿De qué otra forma podría un animal escapar de un patio?

hábitat

Los perros de la pradera viven en un **hábitat** de desierto.

¿Qué animales viven en un hábitat forestal?

impacientemente

La niña se movió **impacientemente** durante todo el viaje.

¿Qué esperaste impacientemente?

naturaleza

Caminamos por el bosque porque nos gusta estar en medio de la **naturaleza**.

¿Qué te gusta de la naturaleza?

nocturno

El cielo **nocturno** es muy bello cuando no hay nubes.

¿Cómo es el paisaje nocturno del lugar donde vives?

viaje

Maya y su familia se fueron de **viaje** al bosque.

¿Qué palabra significa lo mismo que viaje?

COLABORA

Tu turno

Elige tres palabras y escribe tres preguntas para tu compañero o compañera.

¡Conéctate! *Usa el glosario digital ilustrado.*

Un perro de la
pradera
guardián

Pregunta esencial

¿Cuáles son las características de los hábitats de distintos animales?

Lee acerca del lugar donde vive un perro de la pradera.

Me voy de **viaje**. Visitaré una pradera. Disfrutaré de la **naturaleza**. Muchos animales viven en este **hábitat**. Aquí los perros de la pradera pueden sobrevivir. Hay mucho pasto, pero pocos árboles. La pradera puede ser peligrosa para algunos animales, porque no hay dónde esconderse.

¡Buen día!

Salgo bien temprano. Primero veo un solo perro de la pradera. Lo llamo Pete. **Se asoma** por la madriguera, que está bajo tierra. Mira a su alrededor. Luego, con un ladrido ruidoso, Pete llama a su familia: "¡Yip!". Les avisa que pueden salir. Rápidamente, cuatro perritos salen de la madriguera.

Los perros de la pradera construyen madrigueras debajo de la tierra para mantenerse a salvo de los depredadores.

Pete hace guardia **impacientemente**. Siempre observa que no haya peligro cerca. Esto permite a los demás perros de la pradera comer el pasto y las semillas tranquilamente. También pueden limpiarse o construir sus madrigueras.

¡Guau Guau!

Los perros de la pradera pueden hacer 11 sonidos diferentes para comunicarse entre ellos.

Un susto

¡Uy, no! ¡Pete descubre un tejón enorme! Cuando lo ve, da un ladrido fuerte: "¡Guau-Guau!". Su familia entiende el mensaje. Algunos se esconden entre los pastizales altos y otros entran de un salto a la madriguera. El tejón corre hacia Pete, pero el guardia vigilante logra **escapar** y meterse en la madriguera. Me alegra que haya podido huir del peligro.

Luego de unos minutos, Pete asoma de nuevo la cabeza y regresa a su trabajo.

Los tejones viven en este hábitat y cazan a los perros de las praderas.

(bkgd) Bob Stefko/The Image Bank/Getty Images; (t) Arco Images GmbH/Alamy

Hora de descansar

Hace calor. Los perros de la pradera se meten en la madriguera. Allí está más fresco. Pete también entra. Los **túneles** los llevan a distintos sitios. Hay un hueco para dormir y otro que usan como baño. Cubren con tierra, en uno de los pozos, algunas raíces y semillas. Más tarde, comen allí la comida **enterrada**.

Segundo turno de trabajo

Sigo mirando la madriguera. Finalmente, el sol comienza a ponerse y otro perro de la pradera se asoma. Lo llamo Gary. Pete debe estar descansando. "¡Yip!", llama Gary. Los demás perros vuelven a salir.

Todos comen y juegan hasta que la luna está alta en el cielo **nocturno**. Luego, se van a dormir. Me pregunto si Pete volverá a trabajar. Lo sabré en la mañana.

Perro de la pradera	
Tamaño	30 a 40 cm de alto
Peso	entre 900 gramos y 2 kg
Hábitat	praderas desiertas con pastizales bajos y medianos
Alimento	raíces, semillas, hojas de plantas, pasto
Refugio	madrigueras con muchos huecos bajo la tierra
Depredadores	coyotes, linces, tejones, zorros, comadrejas

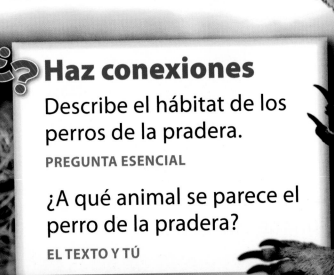

❓ Haz conexiones

Describe el hábitat de los perros de la pradera.
PREGUNTA ESENCIAL

¿A qué animal se parece el perro de la pradera?
EL TEXTO Y TÚ

(bkgd) Bob Stefko/The Image Bank/Getty Images

139

Hacer predicciones

Utiliza lo que ya sabes y lo que leíste en la selección para ayudarte a adivinar lo que aprenderás luego. Mientras lees, puedes ir confirmando o corrigiendo tus predicciones.

Busca evidencias en el texto

Cuando leí la página 137, pensé que el tejón perseguiría al perro de la pradera. Seguí leyendo para ver si mi predicción era correcta.

página 137

Un susto

¡Uy, no! ¡Pete descubre un tejón enorme! Cuando lo ve, da un ladrido fuerte: "¡Guau-Guau!". Su familia entiende el mensaje. Algunos se esconden entre los pastizales altos y otros entran de un salto a la madriguera. El tejón corre hacia Pete, pero el guardia vigilante logra **escapar** y meterse

Leo que el tejón corrió hacia Pete. Mi predicción fue correcta.

COLABORA

Tu turno

Vuelve a leer la página 138. ¿Qué predicción hiciste? Busca pistas para ver si tu predicción fue correcta.

Tema principal y detalles clave

El tema principal es aquello sobre lo que trata la selección. Los detalles clave dan información sobre el tema principal.

 Busca evidencias en el texto

Mientras leo "Un perro de la pradera guardián", aprendo mucho sobre estos animales. Este debe ser el tema principal. En la página 136, veo un detalle clave sobre los perros de la pradera.

Tema principal		
Los perros de la pradera		
Detalle	Detalle	Detalle
Hacen guardia.		

Tu turno

Vuelve a leer el texto. Completa los detalles clave del tema principal en el organizador gráfico.

¡Conéctate! *Usa el organizador gráfico interactivo.*

Narrativa de no ficción

"Un perro de la pradera guardián" es una narrativa de no ficción.

La **narrativa de no ficción:**

- trata sobre personas o hechos reales.
- tiene un narrador y sigue un orden.

Busca evidencias en el texto

Este texto es una narrativa de no ficción. Tiene un narrador. Trata sobre perros de la pradera reales.

página 138

Hora de descansar

Hace calor. Los perros de la pradera se meten en la madriguera. Allí está más fresco. Pete también entra. Los **túneles** los llevan a distintos sitios. Hay un hueco para dormir y otro que usan como baño. Cubren con tierra, en uno de los pozos, algunas raíces y semillas. Más tarde, comen allí la comida **enterrada**.

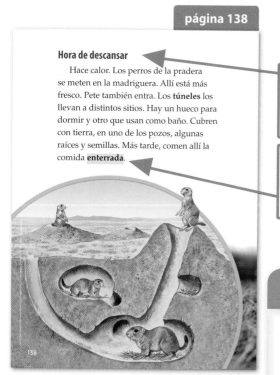

138

Características del texto

Subtítulos Dicen de qué trata principalmente la sección de un texto.

Palabras en negrilla Son importantes para entender mejor el texto.

COLABORA

Tu turno

Encuentra características del texto en otra página. ¿Qué aprendiste gracias a esas características?

Sufijos

Un sufijo se agrega al final de una palabra y cambia su significado. Puedes separar el sufijo de la raíz para saber qué significa la palabra.

 Busca evidencias en el texto
No estoy seguro del significado de la palabra ruidoso. *Puedo separar el sufijo* –oso *de la raíz de la palabra. El sufijo* –oso *significa "que tiene mucho de algo".* Ruidoso *me indica "que tiene un sonido muy fuerte".*

Con un ladrido ruidoso, Pete llama a su familia.

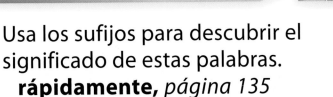

COLABORA

Tu turno

Usa los sufijos para descubrir el significado de estas palabras.
rápidamente, *página 135*
tranquilamente, *página 136*
vigilante, *página 137*

De lectores...

Los escritores usan una secuencia para ordenar sus ideas. Palabras como *primero, después* y *luego* ayudan a entender el orden de las ideas.

Organización
Identifica las palabras que indican **secuencia**. ¿Cómo ayudan a la **organización** de la historia?

Ejemplo modelo

¡Buen día!

Salgo bien temprano. Primero veo un solo perro de la pradera. Lo llamo Pete. Asoma la cabeza por la madriguera, que está bajo tierra. Mira a su alrededor. Luego, con un ladrido ruidoso, Pete llama a su familia: "¡Yip!". Les avisa que pueden salir. Rápidamente, cuatro perritos salen de la madriguera.

Jeff Foott/Discovery Channel Images/Getty Images

a escritores

Marcas de corrección

≡ mayúscula

/ minúscula

∧ insertar

✀ eliminar

Adam escribió acerca de una foca. Lee sus correcciones.

Manual de gramática
Página 472
El sustantivo: singular y plural

Ejemplo del estudiante

Sam aprende a nadar

La foca sam tiene su primera clase de natación. "Qué difícil," piensa. Pero su madre lo guía. ~~Tiene dos semanas.~~ Al principio No quiere ir al agua. Sacude la ₵abeza. Después, la mamá lo vuelve a guiar hacia el agua. Sam agita las aletas. Finalmente, ¡está aprendiendo!

Tu turno

COLABORA

☑ Indica las palabras para la secuencia.
☑ Identifica sustantivos en singular y plural.
☑ Explica cómo mejoró el texto con las correcciones.

¡Conéctate!
Escribe en el rincón del escritor.

Pregunta esencial

¿Cómo se parecen las crías a sus padres?

¡Conéctate!

Las crías

y sus padres

Este pingüino bebé y su madre parecen diferentes, pero son iguales en muchos sentidos.

▶ Los dos tienen capas de grasa para protegerse del frío.

▶ Los dos son aves, no mamíferos.

▶ Los dos usan las aletas para nadar.

Coméntalo

Habla en pareja acerca de cómo se parecen y cómo se diferencian los pingüinos bebés de sus padres. Escribe tus ideas en la tabla.

Parecido	Diferente

Vocabulario

Mira las fotos y lee las oraciones para comentar cada palabra con un compañero o una compañera.

acicalarse

Uso un cepillo para **acicalar** a mi caballo todos los días.

Nombra un sinónimo de acicalarse.

adulto

Mi padre es un **adulto**.

¿Qué palabra indica lo opuesto a adulto?

cría

En el zoológico, vimos una coneja madre y sus **crías**.

¿Cómo se llaman las crías de los perros?

cubierto

Los osos polares están **cubiertos** por un pelaje grueso y blanco.

¿Con qué están cubiertas las aves?

gigante

Ese árbol **gigante** es más alto que mi casa.

¿Puedes nombrar algo que sea gigante?

mamífero

La vaca es un **mamífero**.

Describe un mamífero que conozcas.

pelaje

El **pelaje** de mi gatito es suave y esponjoso.

¿Qué animales no tienen pelaje?

vivo

Riego las flores para mantenerlas **vivas**.

¿Cómo te das cuenta de que una planta está viva?

Tu turno

Elige tres palabras y escribe tres preguntas para tu compañero o compañera.

¡Conéctate! *Usa el glosario digital ilustrado.*

Águilas y aguiluchos

¿? Pregunta esencial

¿Cómo se parecen las crías a sus padres?

Lee cómo se parecen estas águilas a sus padres.

Las águilas de cabeza blanca son aves. Sus bebés, o **crías**, se llaman aguiluchos. Leamos cómo se parecen a sus padres.

Hora de hacer el nido

Todas las aves ponen huevos. Las águilas de cabeza blanca arman sus nidos sobre los árboles para proteger los huevos. Los construyen con ramitas y pasto. Cada año, los completan un poco más. ¡Pueden ser inmensos! Estos nidos **gigantes** miden casi tres metros. ¡Más que tu cama!

El águila madre pone de uno a tres huevos. Empolla los huevos hasta que los cascarones se rompen. Luego, la madre y el padre vigilan el nido.

Padres orgullosos

Al principio, los aguiluchos no saben caminar, tampoco ven bien. Los pájaros no son **mamíferos**. Necesitan a sus padres para conseguir alimento y deben cazar su comida. Los aguiluchos también necesitan a sus padres para estar seguros.

Los aguiluchos

Las águilas de cabeza blanca usan su excelente vista para cazar. Usan sus alas para volar rápido. Pescan con las garras y el pico. Los aguiluchos aprenden esto. Luego, pueden alejarse de sus padres.

Las águilas deben llevarle alimento a los aguiluchos.

Las aves no tienen **pelaje**. Al nacer, el aguilucho está **cubierto** por una pelusa. Volará cuando le crezcan plumas oscuras. Se queda cerca del nido durante cinco meses mientras sus alas se vuelven fuertes.

Águila de cabeza blanca

excelente vista

pico ganchudo y amarillo

plumas oscuras en cuerpo y alas

plumas con punta blanca

garras largas

Un aguilucho es **adulto** cuando puede hacer lo mismo que sus padres. Esto lleva cinco años. Las águilas de cabeza blanca pueden estar **vivas** por más de treinta años.

Cuando las águilas de cabeza blanca vuelan, las plumas de sus grandes alas se separan como si fueran dedos.

Ken Canning/Vetta/Getty Images

El vuelo de las águilas de cabeza blanca

Una vez que aprendió a volar, el águila de cabeza blanca puede hacerlo durante horas. El águila debe cuidar mucho sus plumas. También usa el pico para **acicalarse** a sí misma y debe mantener las plumas limpias. ¿Puedes creer que un águila tan poderosa haya sido un bebé indefenso al nacer?

¿? Haz conexiones

¿En qué se parece el aguilucho a sus padres? **PREGUNTA ESENCIAL**

Compara la forma en que tus padres y las águilas cuidan a sus hijos. **EL TEXTO Y TÚ**

Volver a leer

Cuando lees, tal vez encuentres una palabra o información que no entiendes. Puedes volver a leer el texto como ayuda para comprenderlo.

 Busca evidencias en el texto

En la página 152 de "Águilas y aguiluchos", el texto dice que los pichones necesitan a sus padres. Volveré a leer para entender por qué.

página 152

Padres orgullosos

Al principio, los aguiluchos no saben caminar, tampoco ven bien. Los pájaros no son **mamíferos**. Necesitan a sus padres para conseguir alimento y deben cazar su comida. Los aguiluchos también necesitan a sus padres para estar seguros.

Los aguiluchos

Las águilas de cabeza blanca usan su excelente vista para cazar. Usan sus alas

Los aguiluchos no saben caminar. Sus padres deben buscarles comida. Esto explica por qué necesitan ayuda.

Tu turno

¿Por qué los aguiluchos no pueden volar cuando nacen? Vuelve a leer la página 153 para responder la pregunta.

Tema principal y detalles clave

El tema principal es aquello sobre lo que trata la selección. Los detalles clave dan información sobre el tema principal.

 Busca evidencias en el texto

Cuando leo la página 151, aprendo mucho sobre las águilas. Este debe ser el tema principal. También encuentro detalles clave.

Tema principal		
Águilas		
Detalle	Detalle	Detalle
Construyen nidos y ponen huevos.		

Tu turno

Vuelve a leer el texto. Completa el organizador gráfico con más detalles clave que hablen sobre el tema principal.

¡Conéctate! *Usa el organizador gráfico interactivo.*

Texto expositivo

La selección "Águilas y aguiluchos" es un texto expositivo. El **texto expositivo**:
- da información sobre un tema.
- puede tener diagramas con rótulos.

Busca evidencias en el texto

Sé que este es un texto expositivo porque trata sobre las águilas. También tiene diagramas con rótulos que me ayudan a aprender más.

página 153

Las aves no tienen **pelaje**. Al nacer, el aguilucho está **cubierto** por una pelusa. Volará cuando le crezcan plumas oscuras. Se queda cerca del nido durante cinco meses mientras sus alas se vuelven fuertes.

Águila de cabeza blanca

excelente vista

plumas oscuras en cuerpo y alas

pico ganchudo y amarillo

plumas con punta blanca

garras largas

153

Características del texto

Un **diagrama** es una imagen con información.

Los **rótulos** explican las partes del diagrama.

Tu turno COLABORA

Comenta qué información aprendiste mirando el diagrama y leyendo los rótulos.

Significados múltiples

Las palabras de significados múltiples tienen más de un significado. Puedes usar el contexto para descubrir el significado correcto.

Busca evidencias en el texto

No estoy seguro de lo que significa la palabra pico. Podría significar "punta de una montaña", "herramienta de jardín" o "parte de la boca de las aves". Como estoy leyendo acerca de las águilas, creo que el último significado es el que me sirve.

Usa el pico para acicalarse a sí misma.

COLABORA

Tu turno

Usa las claves en las oraciones para descubrir en "Águilas y aguiluchos" el significado de estas palabras:
seguros, página 152
volar, página 152

Takayuki Maekawa/The Image Bank/Getty Images

De lectores...

Los escritores eligen palabras de enlace para relacionar las ideas. Algunas palabras de enlace son *y*, *entonces*, *también*. Vuelve a leer la siguiente sección de "Águilas y aguiluchos":

Ejemplo modelo

Selección de palabras

Identifica dos **palabras de enlace.** ¿Cómo te ayudan estas palabras a entender la selección?

Hora de hacer el nido

Una vez que aprendió a volar, el águila de cabeza blanca puede hacerlo durante horas. El águila debe cuidar mucho sus plumas. También usa el pico para acicalarse a sí misma y debe mantener las plumas limpias. ¿Puedes creer que un águila tan poderosa haya sido un bebé indefenso al nacer?

a escritores

Marcas de corrección

≡ mayúscula

∧ insertar

𝒚 eliminar

(ort.) revisar ortografía

/ minúscula

Roberto escribió un texto expositivo. Lee las correcciones que hizo Roberto.

Manual de gramática

página 472
El sustantivo: aumentativo y diminutivo

Ejemplo del estudiante

cervatos
≡

la cría de una madre ciervo
≡

cervato
se llama bebé. Los ciervos son

(ort.) ∧
y
mamiferos la madre le da
∧

leche al cervato. También,

el cervato 𝒚 busca plantitas.

El Sábado iremos al bosque.

¿Veré algún cervato?

Tu turno

COLABORA

☑ Identifica las palabras de enlace.
☑ Identifica un diminutivo.
☑ Explica cómo mejoró el texto con las correcciones.

¡Conéctate!
Escribe en el rincón del escritor.

¿? Pregunta esencial

¿Qué nos gusta de los animales?

¡Conéctate!

Diversión con animales

Es divertido jugar con animales. Este delfín está mojado y silba. Para describir a los animales usamos lenguaje preciso.

▶ Podemos describir cómo es un animal, qué sentimos al tocarlo, cómo huele, qué sonidos emite.

▶ Podemos describir cómo se comportan y se expresan los animales.

Coméntalo

Usa lenguaje preciso para hablar sobre un animal que te guste. Escribe tus ideas en la red conceptual.

Palabras que describen un _____.

Vocabulario

Mira las fotos y lee las oraciones para comentar cada palabra con un compañero o una compañera.

comportarse

El niño le está enseñando al perro a **comportarse**.

¿Cómo te comportas en una biblioteca?

detenerse

El colibrí **se detiene** en una flor colorida.

¿Por qué se detiene el colibrí en la flor?

expresar

Este bebé sonríe para **expresar** cómo se siente.

¿Cómo expresas tus sentimientos?

maravilla

Los colores del pavo real son una **maravilla**.

¿Qué cosas te parecen una maravilla?

Términos de poesía

poema

Un **poema** es un modo de escritura que expresa imágenes o sentimientos.

¿En qué se diferencia un poema de un cuento?

rima

Cuando dos palabras tienen los mismos sonidos finales, hay **rima**.

¿Qué palabras puede usar un poeta para rimar con gato?

ritmo

El **ritmo** es el modo en que aparecen los acentos, o las sílabas fuertes, en un poema.

¿Por qué un poeta busca el ritmo en sus poemas?

selección de palabras

La **selección de palabras** es el uso de un preciso y rico vocabulario.

¿Qué palabras precisas usarías para describir cómo te sientes ahora?

COLABORA

Tu turno

Elige tres palabras y escribe tres preguntas para tu compañero o compañera.

¡Conéctate! **Usa el glosario digital ilustrado.**

¿? Pregunta esencial

¿Qué nos gusta de los animales?

Lee cómo los poetas describen a estos animales.

Guanaco

Don guanaco
corredor
es un chasqui
muy veloz.

En carrera
maratón,
don guanaco
un campeón.

Un recorte
celestial
en un marco
y tan glacial.

Hugo Molina Viaña

La tortuguita

¡La tortuguita
sale del río
a buscar sol
llena de frío!

¡La tortuguita
no tiene pena
y se ha dormido
sola en la arena!

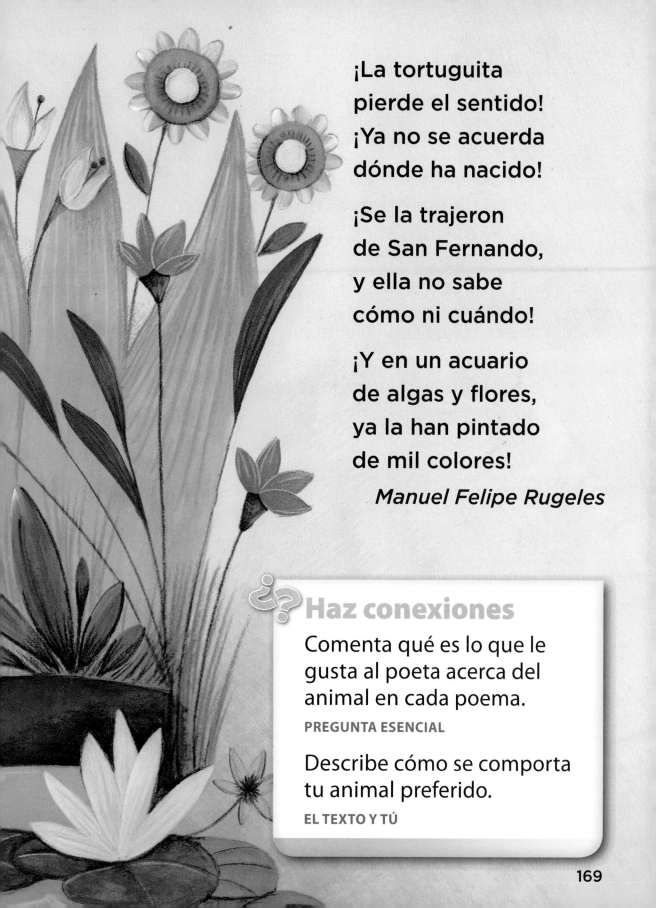

¡La tortuguita
pierde el sentido!
¡Ya no se acuerda
dónde ha nacido!

¡Se la trajeron
de San Fernando,
y ella no sabe
cómo ni cuándo!

¡Y en un acuario
de algas y flores,
ya la han pintado
de mil colores!

Manuel Felipe Rugeles

Haz conexiones

Comenta qué es lo que le
gusta al poeta acerca del
animal en cada poema.

PREGUNTA ESENCIAL

Describe cómo se comporta
tu animal preferido.

EL TEXTO Y TÚ

Poema con rima

Los poemas con rima:
- tienen palabras que terminan con los mismos sonidos.
- cuentan los pensamientos o las ideas del poeta.

 Busca evidencias en el texto

Puedo decir que "Guanaco" es un poema con rima. El autor usa palabras que terminan con los mismos sonidos para describir al guanaco.

página 167

Guanaco

Don guanaco
corredor
es un chasqui
muy veloz.

En carrera
maratón,
don guanaco
un campeón.

Un recorte
celestial
en un marco
y tan glacial.

Hugo Molina Viaña

167

*Los versos que **riman** terminan con los mismos sonidos.*

Tu turno COLABORA

Vuelve a leer los poemas "Guanaco" y "La tortuguita". Señala los versos que riman.

Detalles clave

Los detalles clave son importantes en un poema. Puedes encontrar información importante en las palabras, ilustraciones o fotografías que acompañan a un poema.

Busca evidencias en el texto

Cuando leo "Guanaco", comprendo que el guanaco es muy veloz.

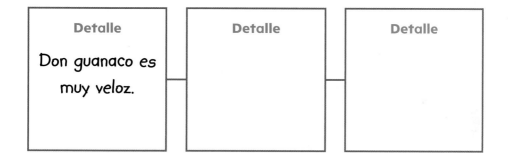

Detalle	Detalle	Detalle
Don guanaco es muy veloz.		

Tu turno

Vuelve a leer "Guanaco". Busca los detalles clave y escríbelos en el organizador gráfico.

¡Conéctate! *Usa el organizador gráfico interactivo.*

Ritmo

Los poemas tienen ritmo. El ritmo es el modo en que aparecen los acentos en un poema. Puedes seguir el ritmo con las palmas.

 Busca evidencias en el texto

Vuelvan a leer "La tortuguita" y presten atención al ritmo. Escuchen los acentos en cada verso. Piensen en por qué el poeta usa el ritmo.

página 168

¡La tortuguita
sale del río
a buscar sol
llena de frío!

¡La tortuguita
no tiene pena

Sigo los acentos con mis palmas. Hay un acento fuerte en cada verso. Los acentos hacen que el poema sea musical.

Tu turno

Sigue con las palmas los cuatro primeros versos de "Guanaco". Explica si el ritmo es igual al de "La tortuguita" o diferente.

Significados múltiples

Las palabras con significados múltiples se escriben de la misma manera pero no significan lo mismo. Usa las claves de contexto para hallar el significado correcto.

Busca evidencias en el texto

En el poema "La tortuguita", leo la palabra río. Sé que río viene de reír, pero también es una corriente de agua. Las palabras "sale" y "del" me dicen que el autor está hablando del agua.

página 168

La tortuguita sale del río.

Tu turno

Vuelve a leer los poemas "Guanaco" y "La tortuguita". Usa las claves de contexto para encontrar el significado de estas palabras:
recorte, página 167
sentido, página 169

Alejandra Karageorgiu

De lectores...

Los escritores usan lenguaje preciso para que los lectores se formen imágenes claras mientras leen. Vuelve a leer estos versos de "La tortuguita".

Selección de palabras

Identifica el **lenguaje preciso** en este poema. ¿Qué le sucede a la tortuguita?

Ejemplo modelo

¡La tortuguita
sale del río
a buscar sol
llena de frío!

¡La tortuguita
no tiene pena
y se ha dormido
sola en la arena!

Alejandra Karageorgiu

a escritores

Teresa escribió un poema. Lee las correcciones que hizo Teresa.

Marcas de corrección

(ort) ortografía

∧ insertar

⌀ eliminar

Manual de gramática
Página 472
Artículos

Ejemplo del estudiante

Un caracol

Sr.
El ∧ caracol

va por el sol

con su casita

muy redondita.

Come las (ojas) (ort.)

verdes
grandes ⌀ y rojas
∧

en el jardín

de don Fermín.

Tu turno

COLABORA

- ☑ Identifica el lenguaje preciso de Teresa.
- ☑ Identifica los artículos.
- ☑ Explica cómo mejoró el texto con las correcciones.

¡Conéctate!
Escribe en el rincón del escritor.

Vivir
y aprender

Una semilla

Teníamos una semilla.
Teníamos una parcela de tierra.
Para tener algo más,
reunimos el trabajo y la fuerza.

Entonces el sol nos ayudó,
visitándonos cada mañana.
Las nubes fueron muy buenas amigas,
regalándonos sus claras gotas de agua.

Aprendimos que es magnífica la vida,
que la unión es una luz multicolor.
Ayer teníamos una semilla.
Ahora tenemos una flor.

Nicolás Arroyos

La
gran idea

¿Qué has aprendido sobre el mundo que te sorprenda?

¿? **Pregunta esencial**

¿Cómo nos afectan las fuerzas de la Tierra?

¡Conéctate!

La Tierra nos afecta

La gravedad es la fuerza que te hace caer por la resbaladilla. Aquí tienes otras situaciones en las que actúa la fuerza de gravedad.

▶ Un balón que rueda cada vez más rápido.

▶ Un niño que salta.

Coméntalo

Comenta en pareja cómo actúa la fuerza de gravedad. Luego, escribe tus ideas en la red.

La gravedad nos atrae.

Vocabulario

Mira las fotos y lee las oraciones para comentar cada palabra con un compañero o una compañera.

cierto
Es **cierto** que los elefantes son animales enormes.

¿Qué palabra significa lo opuesto de cierto?

comprobar
Todos **comprobaron** que Juan jugaba muy bien al béisbol.

Da un ejemplo de algo que hayas comprobado.

fuerza
Si pateo el balón con mucha **fuerza**, haré un gol.

¿Cuándo tuviste que hacer mucha fuerza?

increíble
Jason se metió en la piscina con un salto **increíble**.

¿Qué cosas increíbles viste hasta ahora?

medir

Usé una regla para **medir** la tiza.

¿Sabes cuánto mide de alto una jirafa?

objeto

El cajón de los juguetes estaba lleno de **objetos**.

Describe un objeto que sea muy grande.

peso

Los niños no soportaban el **peso** de la calabaza.

¿Cómo averiguas el peso de un objeto?

velocidad

El carro avanzaba a gran **velocidad**.

¿Qué cosas se mueven a muy poca velocidad?

Tu turno

COLABORA

Elige tres palabras y escribe tres preguntas para tu compañero o compañera.

¡Conéctate! Usa el glosario digital ilustrado.

¡Imanes en acción!

¿? Pregunta esencial

¿Cómo nos afectan las fuerzas de la Tierra?

Lee acerca de los imanes y sus usos.

© Mike Kemp/Rubberball/Corbis

¿Sabías que hay muchos imanes a nuestro alrededor? ¡Es **increíble** todo lo que se puede hacer con un imán! Sigue leyendo y lo verás.

La atracción de los imanes

Algunos abrelatas tienen imanes. El imán atrae la tapa de la lata de sopa y tira de ella para abrirla. Cuando algo tira de los **objetos** o los empuja, decimos que hace **fuerza** sobre ellos.

También hay un imán en el refrigerador. El imán tira del metal que hay en la puerta para que quede bien cerrada. ¿Sabes cómo lo hace?

Martin Leigh/Oxford Scientific/Getty Images

183

La fuerza del imán atrae los objetos que están hechos de metales como el hierro y el acero. No atrae objetos hechos de otros materiales. Tampoco atrae un lápiz de madera ni un juguete de plástico. Un imán no atrae todo tipo de objetos.

Los imanes tienen polos

Has podido **comprobar** que es verdad que los imanes atraen algunos objetos. ¿Cómo lo hacen? Los dos extremos de un imán son sus polos. Todos los imanes tienen un polo norte y un polo sur.

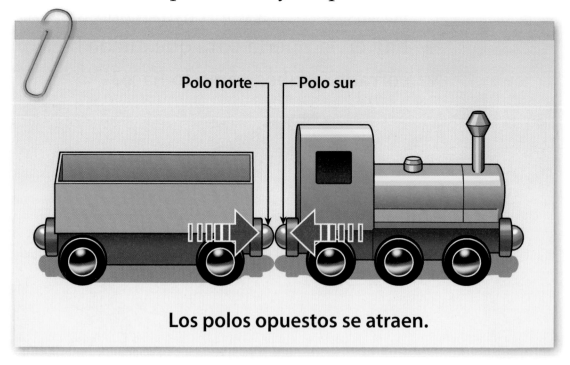

Polo norte — Polo sur

Los polos opuestos se atraen.

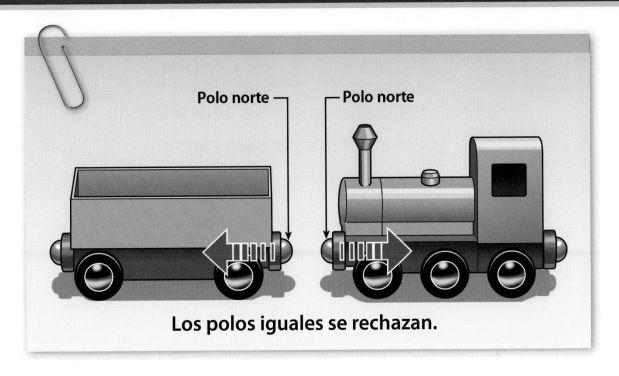

Polo norte — | — **Polo norte**

Los polos iguales se rechazan.

¿Jugaste alguna vez con trenes que tengan imanes? A veces quieres juntar dos vagones, pero se rechazan, es decir, se apartan.

Pero al dar vuelta uno de los vagones, los dos se juntan tan rápido como un rayo. Si jugaste con este tipo de trenes, sabes que es **cierto**.

Los vagones se rechazan porque dos polos iguales están enfrentados. Sin embargo, cuando juntas el polo norte y el polo sur, los dos se unen como lo hace el tren.

Los imanes pueden ser muy potentes

Sabemos que los imanes pueden mover objetos, ¿pero pueden también mover objetos muy **pesados**? Sí que pueden.

Los científicos inventan nuevas formas de usarlos.

Los imanes de este tren lo hacen flotar por encima de las vías.

Bernd Mellmann/Alamy

Hay un nuevo tipo de tren que tiene imanes muy potentes para viajar más rápido. Los imanes levantan el tren por encima de las vías y lo empujan hacia delante. ¡El tren parece tan rápido como un relámpago! Los científicos lograron **medir** la **velocidad** de este tipo de trenes y vieron que son mucho más rápidos que los actuales.

¡Imagina las cosas que podremos hacer en el futuro gracias a los imanes!

Haz conexiones

¿Cómo podemos usar los imanes? PREGUNTA ESENCIAL

Cuenta si alguna vez usaste un imán para atraer algo o para empujarlo. EL TEXTO Y TÚ

Volver a leer

Cuando lees, tal vez encuentras palabras, ideas o explicaciones que no conoces. Vuelve a leer esas partes del texto para asegurarte de que las comprendes.

 Busca evidencias en el texto

Leo la página 184 de "Imanes en acción" y no comprendo por qué los imanes no atraen objetos de madera. Volveré a leer para averiguarlo.

> **página 184**
>
> La fuerza del imán atrae los objetos que están hechos de metales como el hierro y el acero. No atrae objetos hechos de otros materiales. Tampoco atrae un lápiz de madera ni un juguete de plástico. Un imán no atrae todo tipo de objetos.
>
> **Los imanes tienen polos**
>
> Has podido **comprobar** que es verdad

Leo que la fuerza del imán solo atrae a los objetos de hierro y acero. Ahora comprendo que no puede hacerlo con cualquier objeto.

Tu turno

Vuelve a leer las páginas 184 y 185. Explica por qué los imanes a veces se rechazan entre sí.

Propósito del autor

Los autores escriben para dar información, explicar o describir algo. A medida que leas, busca pistas que te indiquen cuál es el propósito del autor.

 Busca evidencias en el texto

Leo la página 183 y veo cómo se usan los imanes. Esta es una pista que indica su propósito.

Pista	Pista
El autor da ejemplos de cómo se usan los imanes.	

Propósito del autor

Dar información sobre los imanes.

Tu turno

Sigue leyendo la selección. Completa el organizador gráfico con otra pista que indique el propósito del autor.

¡Conéctate!
Usa el organizador gráfico interactivo.

Texto expositivo

"Imanes en acción" es un texto expositivo.
El **texto expositivo**:
- presenta información sobre un tema.
- puede tener subtítulos y diagramas.

 Busca evidencias en el texto
Sé que "Imanes en acción" es un texto expositivo porque presenta datos sobre los imanes.

página 184

La fuerza del imán atrae los objetos que están hechos de metales como el hierro y el acero. No atrae objetos hechos de otros materiales. Tampoco atrae un lápiz de madera ni un juguete de plástico. Un imán no atrae todo tipo de objetos.

Los imanes tienen polos

Has podido **comprobar** que es verdad que los imanes atraen algunos objetos. ¿Cómo lo hacen? Los dos extremos de un imán son sus polos. Todos los imanes tienen un polo norte y un polo sur.

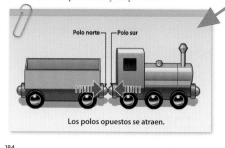

Polo norte — Polo sur

Los polos opuestos se atraen.

184

Características del texto

Los **subtítulos** indican de qué trata una parte del texto.

El **diagrama** muestra cómo funciona algo.

 COLABORA

Tu turno

Observa el diagrama y los rótulos. Describe la información que aparece allí.

Símiles

En un símil, se usa la palabra *como* para comparar dos cosas diferentes. Para entender un símil, averigua qué comparación está haciendo el autor.

 Busca evidencias en el texto

Veo la palabra como *en la oración "Pero al dar vuelta uno de los vagones, los dos se juntan tan rápido como un rayo". Sé que el autor hace una comparación entre la rapidez con que se juntan los vagones y la velocidad de un rayo.*

> **Pero al dar vuelta uno de los vagones, los dos se juntan tan rápido como un rayo.**

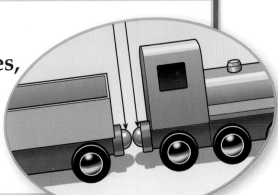

Tu turno

COLABORA

Vuelve a leer la página 187. Busca el símil e indica qué cosas se comparan.

De lectores...

Los escritores presentan sus ideas a los lectores en un orden que tenga sentido. Vuelve a leer esta parte de "Imanes en acción".

Ejemplo modelo

Organización
¿Cómo **ordenó** sus **ideas** el autor?

¿Jugaste alguna vez con trenes que tengan imanes? A veces quieres juntar dos vagones, pero se rechazan, es decir, se apartan.

Pero al dar vuelta uno de los vagones, los dos se juntan tan rápido como un rayo. Si jugaste con este tipo de trenes, sabes que es cierto.

Steve Schell

a escritores

Carlos escribió un texto sobre su deporte favorito. Lee las correcciones que hizo Carlos.

Manual de gramática
Página 472
El verbo: infinitivo, tiempos presente, pretérito y futuro

Ejemplo del estudiante

Tirar y empujar

juegas

Cuando ju~e~go baloncesto, los

/Domingos, a veces tiras del

balón y a veces lo empujas. Al

rebotar el balón, la mano lo

También

empuja hacia el suelo. ∧Empujas

el balón lejos de ti cuando lo

lanzas al aro. Luego, si alguien

te quita el balón, tiras

de él.

Tu turno

COLABORA

- ☑ Identifica el orden de las ideas de Carlos.
- ☑ Busca un verbo en infinitivo.
- ☑ Explica cómo mejoró el texto con las correcciones.

¡Conéctate!
Escribe en el rincón del escritor.

193

Pregunta esencial

¿Qué vemos en el cielo?

¡Conéctate!

Vast Photography/First Light/Getty Images

194

En el cielo

Cuando estás al aire libre,
¿qué ves en el cielo?

► El Sol y las nubes

► La Luna

► Un arcoíris

Coméntalo

COLABORA

Habla en pareja acerca de lo
que ves en el cielo de día
y de noche. Escribe tus ideas
en la tabla.

Cielo de día	Cielo de noche
El Sol	La Luna

(t) image100/Corbis; (c) Eyebyte/Alamy; (b) Brad Perks Lightscapes/Alamy

Vocabulario

Mira las fotos y lee las oraciones para comentar cada palabra con un compañero o una compañera.

despejado

La luna llena brillaba en el cielo **despejado**.

¿Qué puedes ver, además de la luna, si el cielo está despejado?

encender

Lucía **encendió** las velas del pastel.

¿Por qué es peligroso encender fuego en un bosque?

funcionar

El juguete nuevo dejó de **funcionar**.

¿Qué palabra significa lo mismo que funcionar?

ganas

Lila tenía muchas **ganas** de ver a su abuela.

¿Tienes ganas de almorzar ahora?

hamaca

Juan se durmió en la **hamaca** del jardín.

¿Alguna vez te has acostado en una hamaca?

iluminar

El sol **iluminaba** los senderos del bosque.

¿Qué necesitas para iluminar tu camino en la oscuridad?

pensativo

Daniel estaba muy **pensativo** ese día.

¿Cuándo te quedas pensativo?

pila

Al juguete de Linda se le agotaron las **pilas**.

Nombra otras cosas que funcionan a pila.

COLABORA

Tu turno

Elige tres palabras y escribe tres preguntas para tu compañero o compañera.

¡Conéctate! Usa el glosario digital ilustrado.

(t) uniquely india/Getty Images; (tc) Lane Oatey/blue jean images/Getty Images; (bc) Asia Images/Getty Images; (b) McGraw-Hill Companies, Inc., Ken Karp, photographer

Viaje estelar

Daniel Cabral

¿? Pregunta esencial

¿Qué vemos en el cielo?

Lee acerca de dos primos y lo que ven en el cielo nocturno.

—Raúl, ¿tienes **ganas** de conocer a tu primo Ricky? —pregunta su mamá.

—¡Sí! —responde Raúl—. ¡Y espero que me muestre la ciudad!

Es la primera vez que Raúl viene a la ciudad. Él y su familia viven en el campo. Raúl ama la vida en el campo. Pero ahora está emocionado porque conocerá la ciudad.

—¡Bienvenido! —le dice Ricky a Raúl—. Más tarde iremos al centro, ¿quieres?

Raúl sonríe con satisfacción.

—¡Excelente! —dice.

Al atardecer, las dos familias van al centro.

—Mira, Raúl, ese es el rascacielos más alto del país —dice Ricky.

Es tan alto que duele el cuello al mirarlo.

—Y aquellas luces que **iluminan** tan fuerte, ¿qué son? —pregunta.

—¡Es un avión que se dirige al aeropuerto! —responde Ricky—. Mira los carteles luminosos. ¿No son magníficos?

—Es grandioso —dice Raúl. Después agrega **pensativo**—: Las luces de la ciudad son impresionantes. Pero si vienes a mi granja, te mostraré algo más sorprendente todavía.

—¡Estás bromeando! —responde Ricky.

Daniel Cabral

200

Un mes más tarde, Ricky y su familia van
a la granja de Raúl.

—A ver si me sorprendes, Raúl —ríe Ricky.

—Tendrás que esperar hasta la
noche —responde Raúl.

Después de la cena, Raúl se pone en acción. Prueba si la linterna tiene **pilas** y **funciona**.

—Ahora verás algo que no se ve en tu ciudad —dice a Ricky—. Pero primero debes ponerte esta venda.

—¡Cuánto misterio! —exclama Ricky.

Luego de **encender** la linterna, caminan en dirección al campo. Cada vez está más oscuro. Finalmente se detienen.

—¿Dónde estamos? —pregunta Ricky.

—Ya lo verás. ¿Estás preparado?

—Por supuesto, sorpréndeme.

Entonces, Raúl le quita la venda.

Daniel Cabral

—¡Guauuuu! —exclama Ricky y queda boquiabierto.

Sobre ellos, en la oscuridad, brilla la Vía Láctea. La noche está despejada y se ven en el cielo las incontables estrellas que la forman.

—¡Es impresionante! —dice Ricky—. ¡Tenías razón! Este cielo no se ve en la ciudad.

—El cielo es hermoso en el campo. ¿Lo has visto? —dice Raúl orgulloso.

Vuelven a la casa y se quedan riendo en las hamacas hasta la medianoche.

—Pronto iré yo a visitarte —dice Raúl—. Quiero ver de nuevo los carteles luminosos. ¡Son como estrellas de colores!

¿ Haz conexiones

¿Es lo mismo mirar el cielo estrellado en la ciudad que en el campo? **PREGUNTA ESENCIAL**

Compara lo que vieron los dos niños en el cielo con lo que tú puedes ver todas las noches.

EL TEXTO Y TÚ

Volver a leer

Cuando lees, puedes detenerte y volver a leer las partes que no entendiste o tal vez olvidaste. Esto te ayudará a comprender mejor lo que lees.

Busca evidencias en el texto

No estoy muy seguro de entender, en la página 203 de "Viaje estelar", qué es la Vía Láctea. Vuelvo a leer esta parte del cuento para comprenderlo.

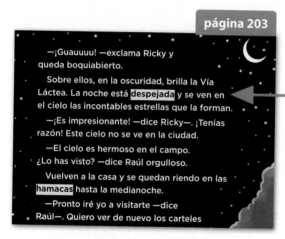

página 203

—¡Guauuuu! —exclama Ricky y queda boquiabierto.

Sobre ellos, en la oscuridad, brilla la Vía Láctea. La noche está despejada y se ven en el cielo las incontables estrellas que la forman.

—¡Es impresionante! —dice Ricky—. ¡Tenías razón! Este cielo no se ve en la ciudad.

—El cielo es hermoso en el campo. ¿Lo has visto? —dice Raúl orgulloso.

Vuelven a la casa y se quedan riendo en las hamacas hasta la medianoche.

—Pronto iré yo a visitarte —dice Raúl—. Quiero ver de nuevo los carteles

Leo que la Vía Láctea es un grupo de estrellas tan numeroso que no se puede contar. Ahora entiendo.

COLABORA

Tu turno

¿Por qué Raúl le vendó los ojos a su primo? Vuelve a leer la página 202 para responder la pregunta.

Secuencia

La secuencia indica el orden de los sucesos en un cuento. Podemos usar las palabras *primero, después, luego* y *al final* para mostrar en qué orden ocurren las cosas.

 Busca evidencias en el texto

Mientras leo la página 199 de "Viaje estelar", pienso en el orden de los sucesos del cuento.

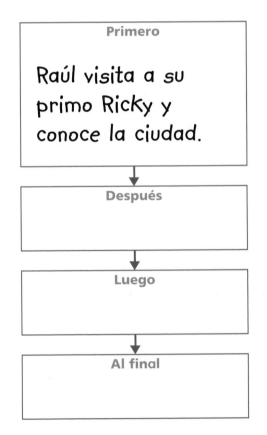

Primero

Raúl visita a su primo Ricky y conoce la ciudad.

↓

Después

↓

Luego

↓

Al final

Tu turno COLABORA

Vuelve a leer "Viaje estelar". Completa el organizador gráfico para mostrar la secuencia del cuento.

¡Conéctate!
Usa el organizador gráfico interactivo.

Ficción realista

"Un viaje estelar" es un cuento de ficción realista.

La **ficción realista:**
- tiene personajes y sucesos que pueden ocurrir en la vida real.
- puede tener diálogos.

Busca evidencias en el texto

Sé que "Viaje estelar" es una ficción realista porque los personajes podrían existir en la vida real. Y sus diálogos podrían ser reales.

página 200

Al atardecer, las dos familias van al centro.

—Mira, Raúl, ese es el rascacielos más alto del país —dice Ricky.

Es tan alto que duele el cuello al mirarlo.

—Y aquellas luces que **iluminan** tan fuerte, ¿qué son? —pregunta.

—¡Es un avión que se dirige al aeropuerto! —responde Ricky—. Mira los carteles luminosos. ¿No son magníficos?

—Es grandioso —dice Raúl. Después agrega **pensativo**—: Las luces de la ciudad son impresionantes. Pero si vienes a mi granja, te mostraré algo más sorprendente todavía.

—¡Estás bromeando! —responde Ricky.

200

Estructura del cuento
En el **diálogo** los personajes del cuento hablan entre ellos.

COLABORA

Tu turno

Busca otros ejemplos que muestren que "Viaje estelar" es una ficción realista.

Daniel Cabral

Palabras compuestas

Una palabra compuesta está formada por dos palabras más cortas. Piensa en el significado de las palabras cortas para descubrir el significado de la palabra compuesta.

 Busca evidencias en el texto

Veo en la página 200 la palabra rascacielos. *La primera palabra es* rasca, *que significa "que frota la piel con las uñas". La segunda palabra es* cielos. *Creo que un* rascacielos *es un edificio tan alto que araña el cielo.*

—Mira, Raúl, ese es el rascacielos más alto del país —dice Ricky.

Tu turno COLABORA

Usa los significados de las partes para hallar el significado de estas palabras compuestas de "Viaje estelar".

bienvenido, página 199
boquiabierto, página 203

De lectores...

Los escritores usan **palabras de enlace** para mostrar cómo están unidas sus ideas. Las palabras de enlace relacionan una idea con otra.

Selección de palabras
Identifica **palabras de enlace** que muestren cómo se relacionan las ideas en el cuento.

Daniel Cabral

Ejemplo modelo

—Y aquellas luces que iluminan tan fuerte, ¿qué son? —pregunta.

—¡Es un avión que se dirige al aeropuerto! —responde Ricky—. Mira también los carteles luminosos. ¿No son magníficos?

—Es grandioso —dice Raúl. Además, agrega pensativo—: Las luces de la ciudad son impresionantes. Pero si vienes a mi granja, te mostraré algo más sorprendente todavía.

a escritores

Marcas de corrección

⊙ Agregar punto

∧ Insertar

⟍ Eliminar

⌄ Añadir una coma

Alicia escribió un cuento de ficción realista. Lee las correcciones que hizo.

Manual de gramática
Página 472
Verbos regulares terminados en "ar"

Ejemplo del estudiante

Mirando las estrellas

Dan y Tom acamparon por la

noche. Contemplaron la luna las

estrellas las luces de un avión

Tom
y de la ciudad. Él pensó:

"Observo la Vía Láctea Después

Dan soñó que viajaba en un

cohete y veía

así
más estrellas.

Tu turno

COLABORA

☑ Identifica palabras de enlace.
☑ Identifica un verbo en presente.
☑ Explica cómo mejoró el texto con las correcciones.

¡Conéctate!
Escribe en el rincón del escritor.

¿? Pregunta esencial

¿Cómo la gente ayuda a su comunidad?

¡Conéctate!

¡Ayudemos!

Este era un terreno lleno de basura. Algunos vecinos buscamos una solución al problema. La idea fue hacer un jardín.

► Limpiamos el terreno.

► Plantamos flores y plantas.

Coméntalo

COLABORA

Trabaja en pareja. Piensa cómo podrías ayudar en tu comunidad. Escribe tus ideas en la red.

Formas de ayudar

Vocabulario

Mira las fotos y lee las oraciones para comentar cada palabra con un compañero o una compañera.

aldea En las pequeñas **aldeas** de montaña viven pocas personas.

¿Visitaste alguna aldea de montaña?

apartado Dan está triste y se retira a un lugar **apartado**.

¿Puedes nombrar un lugar apartado?

divisar A lo lejos **divisamos** los campos verdes.

¿Qué puedes divisar desde tu ventana?

emprender En la escuela **emprendimos** una campaña para reciclar.

¿Qué proyecto te gustaría emprender?

idea A Kate se le ocurrió una **idea** para hacer la grulla de papel.

Nombra alguna idea divertida.

insistir Mamá **insiste** en que usemos nuestros cinturones.

¿En qué insiste siempre tu maestra?

prestado Me gusta pedir **prestados** los libros de la biblioteca.

Recuerda algo que hayas prestado.

vecino Pedro escribió a su nuevo **vecino** para saludarlo.

¿Cómo se llaman tus vecinos?

Tu turno

COLABORA

Elige tres palabras y escribe tres preguntas para tu compañero o compañera.

¡Conéctate! *Usa el glosario digital ilustrado.*

Iluminando Vidas

¿? Pregunta esencial

¿Cómo la gente ayuda a su comunidad?

Lee sobre cómo una persona ayuda a los demás en su comunidad.

Cuando Debby Tewa tenía tu edad, no había electricidad en su casa. Para leer de noche, no podía prender la luz. Entonces, encendía una vela. No podía usar una cocina o un horno de microondas para cocinar. Su familia cocinaba con fuego.

Debby vivía en Arizona. A los diez años, se mudó. Su nueva casa tenía electricidad. Podía encender lámparas y usar el teléfono. ¡Eso le gustaba!

Debby Tewa vivía en una casa de ventanas pequeñas, como esta. No había mucha luz.

Cuando creció, Debby se dio cuenta de que quería aprender más sobre la energía solar. Esta energía es electricidad que viene del sol. Los paneles solares se colocan en los techos de los edificios. La luz del sol choca contra estos paneles y se transforma en electricidad.

Debby pensó mucho en la energía solar. Luego, se le ocurrió una **idea**. Estaba entusiasmada. Comenzó a trabajar para una compañía que daba energía solar a las casas. Creyó que sería una buena solución para quienes no tenían electricidad. ¡A Debby le gusta resolver problemas!

Los paneles solares se usan hoy en muchas casas.

Debby también pensó en la gente que vive en las **aldeas.** Los **vecinos** de estos pequeños pueblos no tienen electricidad.

La energía solar funcionaría bien allí porque en Arizona hay mucho sol. Debby decidió ayudar a estas familias. Para que una familia pudiera **emprender** el proyecto, Debby la ayudaba a pedir dinero **prestado** al banco para comprar los paneles. Una vez que lo conseguían, tenían un tiempo para devolverlo.

Debby viaja a lugares remotos de Arizona y Nuevo México. Trata de **divisar** nuevos lugares **apartados** donde ayudar. Enseña a los hopis y a los navajos a obtener energía solar.

Debby ama su trabajo e **insiste** en que las familias aprendan cuánto puede ayudarlos la energía solar. Ellos están felices de hacer lo que ella les indica. Debby también viaja a escuelas y campamentos de verano para hablar a los niños hopis sobre la energía solar.

Debby ayuda a mucha gente de la comunidad hopi.

(l) © Alison Wright/Corbis

Va de un lugar a otro manejando su camión. Es una tarea solitaria, ya que viaja sola. Pero Debby recuerda lo emocionante que fue usar por primera vez electricidad. Ahora, esas familias pueden calentar sus hogares o encender la luz, sin detenerse a pensar en eso. Debby dice que está "iluminando la vida de la gente".

¿Haz conexiones

¿Cómo ayuda Debby a su comunidad? **PREGUNTA ESENCIAL**

Habla en pareja sobre la energía solar. ¿Podrías usarla en el lugar donde vives? **EL TEXTO Y TÚ**

Hacer y responder preguntas

Hacerte preguntas te ayuda a pensar en la información del texto. Puedes hacer preguntas antes, durante y después de la lectura.

🔍 Busca evidencias en el texto

Leo la página 216 y me pregunto: "¿Qué es la energía solar?". Seguiré leyendo para encontrar la respuesta a mi pregunta.

página 216

Cuando creció, Debby se dio cuenta de que quería aprender más sobre la energía solar. Esta energía es electricidad que viene del sol. Los paneles solares se colocan en los techos de los edificios. La luz del sol choca contra estos paneles y se transforma en electricidad.

Debby pensó mucho en la energía solar. Luego, se le ocurrió una **idea**.

Leo que la energía solar es electricidad que viene del sol. Entonces comprendo que los paneles solares usan la energía del sol.

Tu turno

 COLABORA

Piensa en una pregunta relacionada con la selección. Vuelve a leer aquellas partes que te ayudan a responder la pregunta.

Propósito del autor

Los autores escriben para responder, explicar o describir algo.

 Busca evidencias en el texto

Cuando leí la página 216, aprendí cómo se le ocurrió a Debby Tewa la idea de ayudar. Esa es una pista para descubrir el propósito del autor.

Pista	Pista
El autor cuenta cómo Debby tuvo la idea de ayudar a los demás.	

Propósito del autor

Informar a los lectores sobre cómo Debby ayuda a la gente a usar la energía solar.

Tu turno

Continúa leyendo. Completa el organizador gráfico con una pista sobre el propósito del autor.

¡Conéctate!
Usa el organizador gráfico interactivo.

Narrativa de no ficción

"Iluminando vidas" es narrativa de no ficción.
En la **narrativa de no ficción**:
- un narrador cuenta la historia de una persona.
- puede haber fotografías y pies de foto.

Busca evidencias en el texto

"Iluminando vidas" es narrativa de no ficción. El narrador cuenta la historia real de Debby Tewa.

página 218

Debby viaja a lugares remotos de Arizona y Nuevo México. Trata de **divisar** nuevos lugares **apartados** donde ayudar. Enseña a los hopis y a los navajos a obtener energía solar.

Debby ama su trabajo e **insiste** en que las familias aprendan cuánto puede ayudarlos la energía solar. Ellos están felices de hacer lo que ella les indica. Debby también viaja a escuelas y campamentos de verano para hablar a los niños hopis sobre la energía solar.

Debby ayuda a mucha gente de la comunidad hopi.

218

Características del texto

Las **fotografías** muestran algo del texto o dan más información sobre un tema.

Los **pies de foto** describen la fotografía.

Tu turno

COLABORA

Busca dos fotografías más. Cuenta qué aprendiste de sus pies de foto.

Sinónimos

Los sinónimos son palabras con significados muy parecidos. *Grande* y *amplio* son sinónimos.

 Busca evidencias en el texto
Leí que Debby "viaja por lugares remotos" y que "intenta divisar nuevos lugares apartados". Remotos y apartados son sinónimos. Las dos palabras significan "lugares muy alejados".

Debby viaja por lugares remotos de Arizona y Nuevo México. Trata de divisar nuevos lugares apartados donde ayudar.

Tu turno

Piensa en un sinónimo para las siguientes palabras de "Iluminando vidas":
casa, *página 215*
energía, *página 216*

De lectores...

El autor usa la voz para contarnos lo que piensa algún personaje sobre algo. Vuelve a leer el pasaje de "Iluminando vidas".

Ejemplo modelo

Voz

¿Qué palabras del autor muestran la **opinión** o sentimiento de Debby frente a la importancia de la energía solar?

Debby pensó mucho en la energía solar. Luego, se le ocurrió una idea. Estaba entusiasmada. Comenzó a trabajar para una compañía que daba energía solar a las casas. Creyó que sería una buena solución para quienes no tenían electricidad. ¡A Debby le gusta resolver problemas!

a escritores

Edwin escribió un texto de narrativa de no ficción. Lee las correcciones que hizo Edwin.

Marcas de corrección

∧ insertar

⌇ eliminar

⊙ agregar punto

≡ mayúscula

Manual de gramática

Página 472

El presente de los verbos regulares terminados en -er, -ir

Ejemplo del estudiante

Jugando en la nieve

Vivo

Vivía en el clima caluroso

y seco de arizona. El invierno

viajó

pasado, mi familia viaja a

colorado. ¡Hacía frío y estaba

nevando! Cuando salía usaba

pantalones, un saco grueso y

botas⊙ ¡Me encantó la nieve!

¡Fue el mejor viaje de mi vida!

Tu turno

COLABORA

- ☑ Identifica palabras que muestran una opinión.
- ☑ Identifica un verbo en presente.
- ☑ Explica cómo mejoró el texto con las correcciones.

¡Conéctate!
Escribe en el rincón del escritor.

225

¿? **Pregunta esencial**

¿Cómo nos afecta el estado del tiempo?

¡Conéctate!

El tiempo nos afecta

¿Cómo sales en un día de lluvia? ¿Te pones un impermeable? ¿Llevas paraguas? El tiempo atmosférico nos afecta de muchas maneras.

▶ La ropa que usamos es distinta para cada tipo de tiempo atmosférico.

▶ Decidimos salir o quedarnos en casa según el tiempo.

Coméntalo

Comenta en pareja los diferentes tipos de tiempo. Escribe tus ideas en la red.

Vocabulario

Mira las fotos y lee las oraciones para comentar cada palabra con un compañero o una compañera.

acontecimiento La fiesta de Tom fue un gran **acontecimiento**.

Describe un acontecimiento divertido.

advertencia Las nubes negras son una **advertencia** de tormenta.

Menciona otra advertencia que anuncie una tormenta.

brusco En el desierto hay cambios **bruscos** de temperatura.

¿Hay cambios bruscos de temperatura donde vives?

daño La tormenta causó muchos **daños** a ese árbol.

¿Qué tipo de daños puede sufrir una casa?

destruir

El cachorro puede **destruir** el zapato si lo mastica.

¿Qué palabra significa lo opuesto a destruir?

meteorológico

El pronóstico **meteorológico** informó que hoy nevará.

¿Sabes cuál es el pronóstico meteorológico para mañana?

peligroso

Es **peligroso** andar en bicicleta sin casco.

¿Qué palabra significa lo opuesto a peligroso?

prevenir

Debes lavarte las manos para **prevenir** enfermedades.

¿Cómo puedes prevenir un accidente de tránsito?

Tu turno

COLABORA

Elige tres palabras y escribe tres preguntas para tu compañero o compañera.

¡Conéctate! Usa el glosario digital ilustrado.

¡Tornado!

Pregunta esencial

¿Cómo nos afecta el estado del tiempo?

Lee acerca de los tornados y del modo en que el clima afecta nuestra vida.

Wave/Photolibrary

¿Qué es un tornado?

A lo lejos, el cielo está muy oscuro. Algo baja desde las nubes hasta el suelo y avanza girando con rapidez. Es **brusco** y hace un ruido de estruendo, como el de un tren. ¡Se acerca un tornado!

Un tornado es una nube con forma de embudo que gira. Está formado por vientos de hasta 300 millas por hora. El aire que gira va levantando objetos con mucha fuerza. Puede hacer volar un carro por el aire y hasta **destruir**, o arruinar, una casa. Un tornado puede ser **peligroso**. Puede lastimar a las personas y causar **daños** donde viven.

Cuando una nube con forma de embudo toca el suelo, se transforma en un tornado.

¿Cómo se forma un tornado?

Un tornado tiene que ver con el estado del tiempo. La mayoría de los tornados empieza con una tormenta eléctrica. Las tormentas eléctricas son tormentas con truenos y relámpagos. Tienen vientos potentes y lluvias muy fuertes. Cuando esos vientos giran y tocan el suelo, se forma un tornado.

La mayoría de los tornados no están mucho tiempo en el suelo, pero cuando lo hacen, causan mucho daño, o destrucción. Un tornado es un **acontecimiento** importante.

¿Dónde ocurre la mayoría de los tornados?

Hay más tornados en Estados Unidos que en ningún otro lugar del mundo. La mayoría se forma en la región central de nuestro país. Esto se debe a que el aire húmedo y cálido del Golfo de México choca con el aire seco y frío que viene de Canadá. Esta región se conoce como el Callejón de los tornados.

Los tornados pueden destruir árboles, casas y otras cosas, como carros o sembrados.

Stockbyte/Getty Images

¿Cómo nos afectan los tornados?

Los tornados afectan la vida de las personas de muchas maneras. Algunos, más leves, rompen ramas de árboles o dañan las señales de tránsito. Los más fuertes pueden destruir casas.

Las personas que viven en estas zonas siempre están atentas al pronóstico **metereológico**. Escuchan la radio y miran la televisión. En las escuelas, los niños tienen clases especiales donde practican lo que deben hacer para estar a salvo. La gente se agrupa para arreglar los daños causados.

¿Qué puedes hacer para estar a salvo?

Hay maneras de **prevenir**, o impedir, que un tornado te lastime. Los informes usan el término "**advertencia** de tornado" para anunciar que se ha visto un tornado. Si seguimos las reglas de seguridad, todos podemos estar a salvo.

Personas que trabajan para reparar los daños de un tornado.

Maneras de estar a salvo

1. Escucha los informes del tiempo.
2. Busca refugio en un sótano o en una habitación sin ventanas.
3. Mantente alejado de las ventanas.
4. Sigue las instrucciones que te den tus padres o tu maestro.

Haz conexiones

¿Cómo nos afectan los tornados? PREGUNTA ESENCIAL

Compara lo que leíste sobre los tornados con alguna experiencia que hayas tenido con el tiempo. EL TEXTO Y TÚ

Hacer y responder preguntas

Cuando lees, puedes hacerte preguntas para pensar en las partes del texto que no recuerdes o que no hayas comprendido.

 Busca evidencias en el texto

Mientras leo la página 232 de "¡Tornado!", me pregunto: "¿Qué es una tormenta eléctrica?". Buscaré la respuesta a esta pregunta.

página 232

¿Cómo se forma un tornado?

Un tornado tiene que ver con el estado del tiempo. La mayoría de los tornados empieza con una tormenta eléctrica. Las tormentas eléctricas son tormentas con truenos y relámpagos. Tienen vientos potentes y lluvias muy fuertes. Cuando esos vientos giran y tocan el suelo, se forma un tornado.

Leo que una tormenta eléctrica es una tormenta con vientos potentes, truenos y relámpagos.

 COLABORA

Tu turno

Vuelve a leer la página 234 y piensa una pregunta. Sigue leyendo para encontrar la respuesta a esa pregunta.

Idea principal y detalles clave

La idea principal es el punto más importante que un autor destaca sobre un tema. Los detalles clave describen y apoyan la idea principal.

 Busca evidencias en el texto

En las páginas 231 y 232 leo que los tornados tienen vientos potentes y causan daño. Estos detalles apoyan la idea principal: que los tornados son fenómenos meteorológicos peligrosos.

Idea principal
Los tornados son fenómenos meteorológicos peligrosos.

Detalle	Detalle	Detalle
Un tornado tiene vientos muy potentes.	Puede dañar a las personas y el lugar donde viven.	

Tu turno

COLABORA

Sigue leyendo y completa el organizador gráfico con otro detalle clave.

¡Conéctate!
Usa el organizador gráfico interactivo.

Texto expositivo

"¡Tornado!" es un texto expositivo.
El **texto expositivo**:
- presenta información sobre un tema.
- puede tener subtítulos y notas.

 Busca evidencias en el texto

Sé que "¡Tornado!" es un texto expositivo porque presenta información sobre los tornados. También tiene subtítulos y notas.

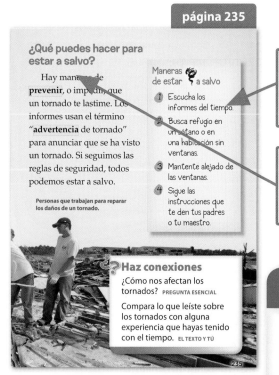

página 235

¿Qué puedes hacer para estar a salvo?

Hay maneras de **prevenir**, o impedir, que un tornado te lastime. Los informes usan el término "**advertencia** de tornado" para anunciar que se ha visto un tornado. Si seguimos las reglas de seguridad, todos podemos estar a salvo.

Personas que trabajan para reparar los daños de un tornado.

Maneras de estar a salvo
1 Escucha los informes del tiempo.
2 Busca refugio en un sótano o en una habitación sin ventanas.
3 Mantente alejado de las ventanas.
4 Sigue las instrucciones que te den tus padres o tu maestro.

Haz conexiones
¿Cómo nos afectan los tornados? PREGUNTA ESENCIAL
Compara lo que leíste sobre los tornados con alguna experiencia que hayas tenido con el tiempo. EL TEXTO Y TÚ

235

Características del texto

Las **notas al margen** agregan más información al texto principal.

Los **subtítulos** indican de qué trata una parte del texto.

Tu turno

COLABORA

Lee la nota al margen. Describe la información que obtienes.

Antónimos

Los antónimos son dos palabras que tienen significado opuesto. Por ejemplo, las palabras *frío* y *caliente* son antónimos.

 Busca evidencias en el texto
Veo que el autor usó los antónimos húmedo *y* seco *para mostrar que cuando chocan el aire húmedo y el aire seco forman un tornado.*

> Esto se debe a que el aire húmedo y cálido del Golfo de México choca con el aire seco y frío que viene de Canadá.

Tu turno COLABORA

Busca los antónimos de estas palabras de "¡Tornado!".
cálido, *página 233*
leves, *página 234*

De lectores...

Los escritores suelen incluir un buen final en sus textos de no ficción. Vuelve a leer esta parte de "¡Tornado!".

Ejemplo modelo

Organización

Identifica un **buen final** en "¡Tornado!". ¿Cómo ayuda este final a **organizar** el texto?

Hay maneras de prevenir, o impedir, que un tornado te lastime. Los informes usan el término "advertencia de tornado" para anunciar que se ha visto un tornado. Si seguimos las reglas de seguridad, todos podemos estar a salvo.

Wave/Photolibrary

a escritores

Kim escribió un texto expositivo.
Lee las correcciones que hizo Kim.

Marcas de corrección

∧ insertar

✐ eliminar

⊙ agregar punto

≡ mayúscula

Manual de gramática
Página 472
El pretérito de los verbos regulares terminados en –ar

Ejemplo del estudiante

≡ tormentas de nieve

En las tormentas de nieve cae

~~soplan~~
mucha nieve y ~~soplaban~~ vientos
∧

fuertes. El viento vuela la nieve ⊙
∧

La nieve se amontona. Los niños

juegan
~~caminan~~ en la nieve, arman
∧

se deslizan en trineo
muñecos y ~~van de paseo~~.
∧

¡Qué divertido!

¡A los niños les gusta

mucho la nieve!

Tu turno

COLABORA

- ☑ Identifica el buen final de Kim.
- ☑ Identifica la corrección al verbo *soplaban*.
- ☑ Explica cómo mejoró el texto con las correcciones.

¡Conéctate!
Escribe en el rincón del escritor.

Pregunta esencial

¿Cómo te expresas?

¡Conéctate!

¡Vamos a comunicarnos

Las personas se expresan de muchas formas diferentes para mostrar sus sentimientos y compartir sus pensamientos. Estos niños hacen música para expresarse. ¿De qué otro modo puedes expresarte?

▶ Puedes escribir, dibujar o pintar.

▶ Puedes hacer música o producir sonidos tocando un instrumento o cantando.

Coméntalo

Habla en pareja sobre las formas en que les gusta expresarse. Luego, escribe tus ideas en la red.

Nos expresamos

Vocabulario

Mira las fotos y lee las oraciones para comentar cada palabra con un compañero o una compañera.

concierto

Jack y Luis tocaron anoche en el **concierto**.

¿Fuiste alguna vez a un concierto?

corporal

La profesora demuestra el movimiento **corporal**.

Describe los movimientos corporales que haces cuando bailas.

entender

Ken leía con atención para poder **entender** el problema.

¿Qué haces cuando no entiendes una palabra?

instrumento

El violín es un **instrumento** musical.

¿Qué instrumentos musicales conoces?

música Susan escuchaba su **música** favorita.

¿Qué clase de música te gusta?

ovacionar Todos **ovacionamos** a nuestro equipo cuando ganó el partido.

¿Cuándo ovacionarías a alguien?

ritmo Ellos marcaban el **ritmo** de la canción.

¿Qué palabra significa lo mismo que ritmo?

sonido El triángulo y el tambor hacen **sonidos** diferentes.

¿Qué sonido hace un tambor si lo golpeas suavemente?

Tu turno

COLABORA

Elige tres palabras y escribe tres preguntas para tu compañero o compañera.

¡Conéctate! *Usa el glosario digital ilustrado.*

Carrie Devorah/WENN.com/Newscom

¿? **Pregunta esencial**

¿Cómo te expresas?

Lee sobre cómo se expresan los niños del coro de una escuela.

¡Ellos tienen ritmo!

¡Algunos estudiantes de Nueva York cantan con toda el alma! Es porque están en el coro de la Escuela Pública 22.

Estos niños de Staten Island dieron un **concierto** extraordinario en la Casa Blanca. Cantaron en un show de los Premios Hollywood.

El público aplaudió y los **ovacionó**. ¿Qué sienten sobre el escenario?

—Me pone muy nerviosa —recuerda Brianna Crispino—. Pero cuando veo la alegría en los rostros del público, me entusiasmo.

Brianna Crispino, miembro del coro de la Escuela Pública 22

Christa Maniglia

Suena bien

El coro de la Escuela Pública 22 está dividido en dos grupos. Los sopranos cantan notas altas. Los contraltos, **sonidos** más bajos. Los **instrumentos** marcan el compás. Es importante mantener el **ritmo** para que, juntos, no suenen desafinados.

Los coros de adultos tienen cuatro grupos de voces. Esta es la cantidad de cantantes para cada tipo de voz en un coro de adultos de Pennsylvania.

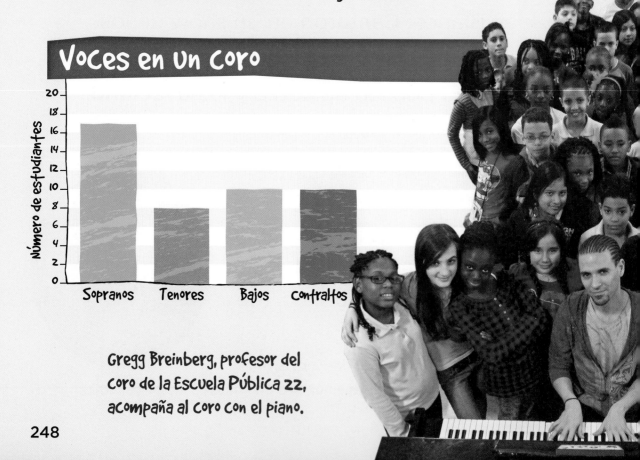

Voces en un coro

Número de estudiantes

Sopranos — Tenores — Bajos — Contraltos

Gregg Breinberg, profesor del coro de la Escuela Pública 22, acompaña al coro con el piano.

La expresión musical

Ser parte del coro no es tarea fácil. Nadie estaría en desacuerdo con esto. Practican cada semana durante tres horas. Gregg Breinberg, su profesor, anima al coro para que muestre lo que las canciones le hacen sentir.

—Hacen sus propios movimientos **corporales**, porque nadie siente la **música** de la misma manera —explica.

Los miembros del coro **entienden** que esta es una gran tarea. —¡Queremos darle lo mejor al público! —dice un estudiante.

¿? Haz conexiones

¿Cómo se expresan los cantantes del coro? **PREGUNTA ESENCIAL**

¿Qué semejanzas o diferencias encuentras con lo que sabes sobre el canto? **EL TEXTO Y TÚ**

Bebeto Matthews/AP Images

249

Hacer y responder preguntas

Hacerte preguntas mientras lees te ayuda a pensar sobre detalles clave del texto que quizás no notaste o no entendiste.

Busca evidencias en el texto

Leo la página 247 y me pregunto: ¿Qué sentirán los alumnos al cantar en la Casa Blanca? Vuelvo a leer para encontrar la respuesta.

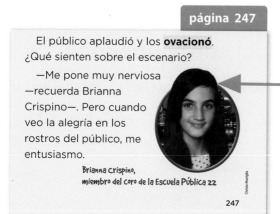

página 247

El público aplaudió y los **ovacionó**. ¿Qué sienten sobre el escenario?

—Me pone muy nerviosa —recuerda Brianna Crispino—. Pero cuando veo la alegría en los rostros del público, me entusiasmo.

Brianna Crispino, miembro del coro de la Escuela Pública 22

247

Leo que una niña del coro está nerviosa al comienzo. Luego, le resulta emocionante.

Tu turno

COLABORA

Piensa en una pregunta que puedas hacer sobre la selección. Vuelve a leer para encontrar la respuesta a esa pregunta.

Christa Maniglia

Idea principal y detalles clave

La idea principal es el punto más importante que presenta un autor sobre un tema. Los detalles clave apoyan la idea principal.

Busca evidencias en el texto

En la página 247 de "¡Ellos tienen ritmo!", veo un detalle clave sobre este coro: que actuó en lugares muy conocidos.

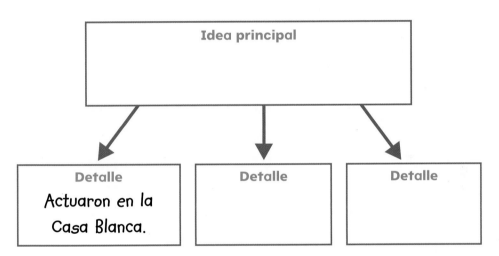

Idea principal

Detalle
Actuaron en la Casa Blanca.

Detalle

Detalle

Tu turno

Completa el organizador gráfico con la idea principal y detalles clave.

¡Conéctate!
Usa el organizador gráfico interactivo.

Texto expositivo

"¡Ellos tienen ritmo!" es un texto expositivo.
El **texto expositivo**:
- da información sobre un tema.
- puede tener gráficos, fotografías y pies de foto.

🔍 Busca evidencias en el texto

Me doy cuenta de que "¡Ellos tienen ritmo!" es un texto expositivo. Da información sobre alumnos reales y tiene un gráfico con datos sobre un coro.

página 248

Suena bien

El coro de la Escuela Pública 22 está dividido en dos grupos. Los sopranos cantan notas altas. Los contraltos, **sonidos** más bajos. Los **instrumentos** marcan el compás. Es importante mantener el **ritmo** para que, juntos, no suenen desafinados.

Los coros de adultos tienen cuatro grupos de voces. Esta es la cantidad de cantantes para cada tipo de voz en un coro de adultos de Pennsylvania.

Voces en Un Coro

Número de estudiantes

Sopranos Tenores Bajos Contraltos

Gregg Breinberg, profesor del coro de la Escuela Pública 22, acompaña al coro con el piano.

248

Características del texto

Un **gráfico de barras** usa barras para dar información sobre un tema.

 COLABORA

Tu turno

Cuenta qué información aprendiste observando el gráfico de barras.

Prefijos

El prefijo es la parte de una palabra que se agrega al principio y cambia su significado. Separa el prefijo de la raíz de la palabra, para descubrir el significado de esa palabra.

 Busca evidencias en el texto

No entiendo el significado de extraordinario. *Separo la raíz de la palabra y el prefijo* extra- , *que significa "fuera de".* Extraordinario *me indica que algo es poco común.*

Estos niños de Staten Island dieron un concierto extraordinario en la Casa Blanca.

 COLABORA

Tu turno

Usa los prefijos para descubrir el significado de estas palabras en "¡Ellos tienen ritmo!":

desafinado, *página 248*

desacuerdo, *página 249*

Carrie Devorah/WENN.com/Newscom

De lectores...

Los escritores usan oraciones largas y cortas para que su escritura sea más interesante. Vuelve a leer el pasaje de "¡Ellos tienen ritmo!".

Fluidez de la oración

¿Qué ejemplos de **oraciones largas** y **cortas** incluye el escritor?

Ejemplo modelo

El coro de la Escuela Pública 22 está dividido en dos grupos. Los sopranos cantan notas altas. Los contraltos, sonidos más bajos. Los instrumentos marcan el compás. Es importante mantener el ritmo para que, juntos, no suenen desafinados.

Los coros de adultos tienen cuatro grupos de voces. Esta es la cantidad de cantantes para cada tipo de voz en un coro de adultos de Pennsylvania.

a escritores

Marcas de corrección

∧ insertar

⸜ eliminar

/ minúscula

¶ insertar párrafo nuevo

Jaime escribió una crítica de diario sobre su canción favorita. Lee las correcciones que hizo Jaime.

Manual de gramática

Página 472

El pretérito de los verbos regulares terminados en -er, -ir

Ejemplo del estudiante

Ayer y mañana

El nuevo grupo "Rana Azul"

~~escribip~~ *escribió* y lanzó una nueva y
∧

fantástica canción llamada

"Ayer y mañana". ¶ La canción

tiene un ritmo pegadizo. *y* No

puedes evitar marcar el ritmo

con tus pies. ~~¿Por qué no oírla~~

~~hoy?~~ La letra también

es fácil de cantar.

Tu turno

COLABORA

☑ Identifica la longitud de las oraciones.

☑ Busca un verbo terminado en -ir en pretérito.

☑ Explica cómo mejoró el texto con las correcciones.

¡Conéctate!
Escribe en el rincón del escritor.

255

Unidad 4

Nuestra vida, nuestro mundo

Poema mapuche tradicional, transcrito por Bertha Koessler-Ilg en Tradiciones araucanas, 1954.
Ilustrado por Rodrigo Folgueira.

La gran idea

¿Cómo los diferentes ambientes hacen del mundo un lugar interesante?

Canción del cacique Koruinka

Toda la tierra es una sola alma,

somos parte de ella.

No podrán morir nuestras almas.

Cambiar, eso sí pueden,

pero apagarse no.

Somos una sola alma,

como hay un solo mundo.

Canción tradicional

Pregunta esencial

¿Qué hace que distintas regiones del mundo sean diferentes?

¡Conéctate!

Lugares nuevos

El bosque es una región con árboles altos y muchas plantas y animales. Hay muchas regiones diferentes en el mundo. Estas son algunas:

▶ Desiertos

▶ Regiones polares

▶ Praderas

Coméntalo

¿Cómo es el lugar donde vives? Comenta en pareja esa región. Escribe tus ideas en la red.

Nuestra región

Vocabulario

Mira las fotos y lee las oraciones para comentar cada palabra con un compañero o una compañera.

desplazarse

El gatito **se desplazaba** jugando por toda la casa.

¿Por dónde se desplazan los barcos?

escalofriante

El viejo granero me parece **escalofriante**.

¿Qué cosas te parecen escalofriantes?

espeso

Mi perro tiene un pelaje **espeso**.

Nombra animales que tengan pelaje espeso.

estación

De todas las **estaciones** del año, el verano es nuestra favorita.

Describe tu estación favorita.

lugar

Puedo señalar en un mapa el **lugar** donde vivo.

Describe un lugar al que hayas ido de vacaciones.

nivel

La nieve se acumula sobre el **nivel** del suelo.

¿Qué parte de una casa está por debajo del nivel del suelo?

región

Las **regiones** polares son muy frías y nevadas.

¿Qué región es muy calurosa y árida?

templado

Un clima **templado** no es ni muy cálido ni muy frío.

¿Es templado el clima del desierto?

COLABORA

Tu turno

Elige tres palabras y escribe tres preguntas para tu compañero o compañera.

¡Conéctate! *Usa el glosario digital ilustrado.*

Alaska

Un lugar especial

Pregunta esencial

¿Qué hace que distintas regiones del mundo sean diferentes?

Lee sobre el motivo que hace de Alaska un lugar único.

John R. Delapp/Photolibrary

Si quieres ver montañas, glaciares y volcanes, Alaska es el **lugar** indicado. Tiene diferentes **regiones** y cada parte del estado presenta características distintas.

Características del terreno

La montaña más alta de Estados Unidos está en Alaska. Se trata del monte McKinley.

Alaska también tiene los glaciares más grandes de Estados Unidos. Estos se forman con capas de nieve. La nieve se acumula sobre el **nivel** del suelo y forma una capa muy **espesa** que se convierte en hielo. Un glaciar puede demorar muchísimos años en formarse.

Mapa de Alaska

N
O · E
S

Alaska

Juneau

Referencias
★ Capital
≈ Ríos
⩙ Montañas
🌋 Volcanes

TSI Graphics

Cambios de temperatura

En Alaska hay distintas temperaturas. El norte se llama región ártica. Allí la temperatura es más baja que la de un congelador. El suelo, los lagos y los ríos están casi siempre helados.

Por eso, la mayoría de los habitantes vive en el sur de Alaska, donde la temperatura es más cálida. El suelo es más rico y se puede cultivar.

Animales

En Alaska hay muchas especies de animales. Puedes ver una morsa o un oso polar en los glaciares. Tal vez encuentres osos pardos o negros pescando en el río o en un arroyo. En otra región, son comunes los alces y los renos.

Las morsas viven en aguas poco profundas cerca de la costa de Alaska.

El día y la noche

Las **estaciones** del año son especiales. En verano el clima es **templado** y moderado. Los habitantes **se desplazan** activos y animados. Disfrutan la luz del día, ya que durante muchos días no se pone el sol. ¡Hay una ciudad en la que el sol no se pone durante más de 80 días! Estás acostado a medianoche y el sol sigue brillando.

En invierno, hay lugares de Alaska en los que no sale el sol. En esos lugares pasan más de 60 días en la oscuridad del invierno. Juegas baloncesto al mediodía, ¡y el cielo está oscuro! Tal vez te resulte **escalofriante**, pero los habitantes de Alaska están acostumbrados a los oscuros días invernales.

🤔 Haz conexiones

Nombra tres características interesantes de Alaska. **PREGUNTA ESENCIAL**

Compara Alaska con el lugar donde vives. **EL TEXTO Y TÚ**

Volver a leer

Cuando lees, es probable que encuentres palabras, datos o explicaciones que no conoces. Puedes volver a leer esas partes del texto para asegurarte de que las comprendiste.

 Busca evidencias en el texto

Después de leer la página 263 de "Alaska: Un lugar especial", no comprendo bien cómo se forman los glaciares. Volveré a leer esa página.

página 263

Características del terreno

La montaña más alta de Estados Unidos está en Alaska. Se trata del monte McKinley.

Alaska también tiene los glaciares más grandes de Estados Unidos. Estos se forman con capas de nieve. La nieve se acumula sobre el **nivel** del suelo y forma una capa muy **espesa** que se convierte en hielo. Un glaciar puede demorar muchísimos años en formarse.

Leo que con el tiempo las capas de nieve se convierten en hielo. Estas enormes masas de hielo son glaciares. Volver a leer me ayudó a entenderlo.

 COLABORA

Tu turno

¿Qué es la región ártica? Vuelve a leer la página 264 de "Alaska: Un lugar especial" para responder la pregunta.

Comparar y contrastar

Cuando comparas dos cosas, dices en qué se parecen. Cuando las contrastas, dices en qué se diferencian.

 Busca evidencias en el texto

A medida que leo la página 263 de "Alaska: Un lugar especial", puedo comparar y contrastar las características del terreno en Alaska.

Características del terreno

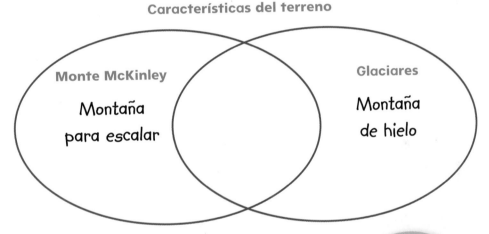

Monte McKinley

Montaña para escalar

Glaciares

Montaña de hielo

Tu turno

Vuelve a leer la página 265 en pareja. Completa el organizador gráfico y compara el invierno y el verano en Alaska.

¡Conéctate! *Usa el organizador gráfico interactivo.*

Texto expositivo

"Alaska: Un lugar especial" es un texto expositivo.
El **texto expositivo:**
- brinda datos e información sobre un tema.
- puede incluir mapas.

Busca evidencias en el texto

"Alaska: Un lugar especial" es un texto expositivo. Presenta datos sobre Alaska. También aprendemos sobre Alaska observando el mapa.

página 263

Si quieres ver montañas, glaciares y volcanes, Alaska es el **lugar** indicado. Tiene diferentes **regiones** y cada parte del estado presenta características distintas.

Características del terreno

La montaña más alta de Estados Unidos está en Alaska. Se trata del monte McKinley.

Alaska también tiene los glaciares más grandes de Estados Unidos. Estos se forman con capas de nieve. La nieve se acumula sobre el **nivel** del suelo y forma una capa muy **espesa** que se convierte en hielo. Un glaciar puede demorar muchísimos años en formarse.

Mapa de Alaska

Alaska

Juneau

Referencias
★ Capital
≈ Ríos
⛰ Montañas
▲ Volcanes

263

Características del texto

Un **mapa** es un dibujo plano de una parte de la Tierra.

Las **referencias** de un mapa indican el significado de los símbolos del mapa.

COLABORA

Tu turno

Comenta la información que aparece en el mapa y en las referencias del mapa.

Palabras compuestas

Una palabra compuesta está formada por dos palabras más pequeñas. Piensa en los significados de las dos palabras más pequeñas para encontrar el significado de la palabra compuesta.

 Busca evidencias en el texto

En la palabra medianoche *veo dos palabras más pequeñas,* media *y* noche. *Creo que medianoche significa "en el medio de la noche". Sí, eso tiene sentido en esta oración.*

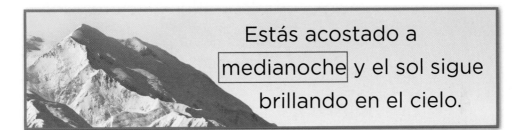

Estás acostado a medianoche y el sol sigue brillando en el cielo.

Tu turno

Usa las palabras más pequeñas para hallar el significado de estas palabras compuestas de "Alaska: Un lugar especial".

baloncesto, *página 265*

mediodía, *página 265*

 # De lectores...

En los textos expositivos, los escritores eligen un tema y presentan datos sobre ese tema. Vuelve a leer el pasaje de "Alaska: Un lugar especial".

Ejemplo modelo

Ideas

¿Sobre qué **tema** da datos el autor?

Animales

En Alaska hay muchas especies de animales. Puedes ver una morsa o un oso polar en los glaciares. Tal vez encuentres osos pardos o negros pescando en el río o en un arroyo. En otra región, son comunes los alces y los renos.

Steven J. Kazlowski/Alamy

a escritores

Julia escribió un texto expositivo.
Lee las correcciones que hizo Julia.

Signos de corrección

≡ mayúscula

∧ insertar

⌗ eliminar

Manual de gramática
Página 472
**El futuro de los
verbos regulares**

Ejemplo del estudiante

Alaska

Alaska no _{se} parece mucho a
∧

mi ciudad. Donde vivo, el verano

es muy cálido. el sol se pone a
≡

la hora de cenar. Hay regiones

de Alaska donde el sol no se

pone en verano. Yo vivo en Los

^{Ángeles}
Angelés y no nieva nunca.
∧

^{invierno}
En Alaska, en verano
∧

caerá mucha nieve.

Tu turno

COLABORA

☑ Identifica el tema
   que eligió Julia.
☑ Identifica un verbo
   en futuro.
☑ Explica cómo
   mejoró el texto con
   las correcciones.

¡Conéctate!
Escribe en el rincón del escritor.

271

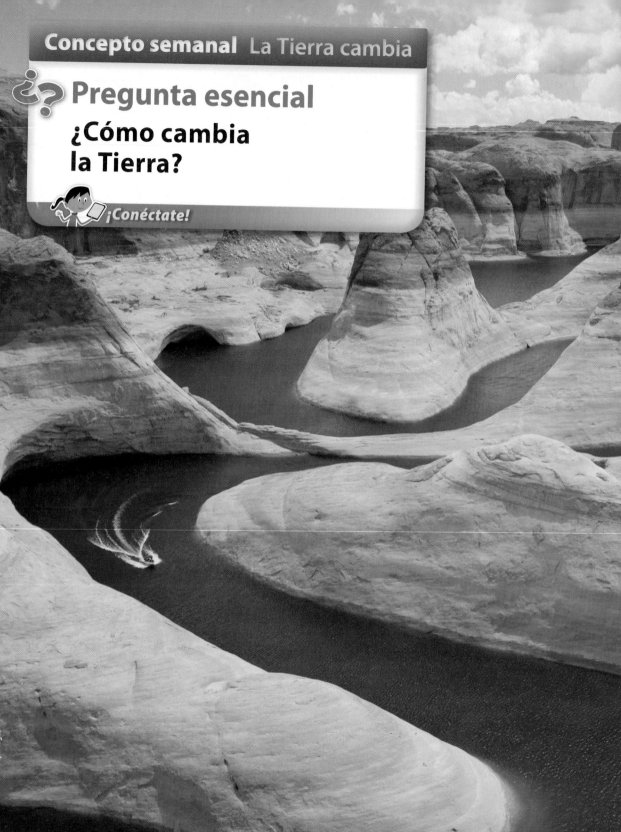

¿? Pregunta esencial

¿Cómo cambia la Tierra?

¡Conéctate!

Nuestra Tierra cambia

¿Sabías que la Tierra cambia todo el tiempo? El agua de este cañón se está llevando lentamente las rocas. El agua puede tener propiedades poderosas.

▶ Puede llevarse rocas y tierra de ríos y cascadas.

▶ Puede llevarse arena de las playas.

Coméntalo

Habla en pareja sobre los cambios en la Tierra. Escribe tus ideas en la red.

La Tierra cambia

Vocabulario

Mira las fotos y lee las oraciones para comentar cada palabra con un compañero o una compañera.

activo

El volcán **activo** estaba a punto de entrar en erupción.

¿Qué te gusta hacer cuando quieres estar activo?

arena

Me gusta sentir la **arena** en mis pies.

¿Dónde puedes ver arena?

explotar

Los fuegos artificiales hicieron mucho ruido al **explotar**.

Nombra otra cosa que pueda explotar.

isla

En nuestras vacaciones, visitamos una **isla**.

¿Qué puedes encontrar en una isla?

local

Mi abuelo y yo fuimos al parque **local.**

¿Hay algún parque local cerca de tu casa?

propiedad

Observé la roca para aprender acerca de sus **propiedades**.

Nombra alguna propiedad de un lápiz.

sólido
La madera es **sólida**, pero el agua y el aire no lo son.

¿Cómo te das cuenta de que algo es sólido?

Tierra

La **Tierra** nos da nuestro alimento.

¿Cómo podemos cuidar la Tierra?

COLABORA

Tu turno

Elige tres palabras y escribe tres preguntas para tu compañero o compañera.

¡Conéctate! **Usa el glosario digital ilustrado.**

El mar

Pregunta esencial

¿Cómo cambia la Tierra?

Lee para aprender cómo las olas del océano cambian las playas.

¿Qué es la erosión?

¿Alguna vez hiciste un castillo de **arena** en la playa? Elige un lugar para hacerlo. Cerca del agua, las olas lo desarmarán.

El mar y el viento también pueden llevarse trozos de tierra. Pueden cambiar la forma de una **isla**, que es tierra rodeada por agua. Cuando el viento y el agua cambian la superficie de la **Tierra**, se produce lo que se llama erosión.

Las olas son la principal causa de la erosión en las playas. Siempre están **activas**, moviéndose hacia la orilla. Arrastran la arena y, poco a poco, se la van llevando.

Una de las **propiedades** de las grandes tormentas es la presencia de olas fuertes. Estas **explotan** al chocar contra la playa. Las olas que se producen durante las tormentas pueden mover mucha arena.

Antes de la erosión

Después de la erosión

La erosión de las playas

Algunas personas construyen casas cerca del mar. Las olas se llevan la arena. A medida que la playa desaparece, el agua se acerca más a las casas y a cualquier construcción **sólida** en la playa.

La erosión de las rocas

También se produce erosión en los acantilados rocosos y empinados o en las pendientes pronunciadas. Primero, las olas golpean la base de los acantilados. Luego, se llevan trozos de roca. Con el tiempo, muchos trozos pequeños de roca se desprenden de la base del acantilado. Esto hace que se debilite su cima y hasta puede desmoronarse.

Paul Thompson Images/Alamy

Detener la erosión

Algunas comunidades trabajan para detener la erosión de sus playas. Estos pueblos construyen **rompeolas** con piedras o rocas.

Las rocas se colocan en hilera en el mar. Cuando las olas golpean el rompeolas, su velocidad disminuye y no arrastran arena.

Las autoridades **locales** dictan normas para las construcciones en la playa. Deben estar lejos del agua. Así no se las podrá llevar, como a los castillos de arena.

¿? Haz conexiones

¿Cómo cambia a la Tierra la erosión de las playas? **PREGUNTA ESENCIAL**

¿Qué diferencia hay entre los cambios producidos por la erosión y otros cambios que has visto en la naturaleza? **EL TEXTO Y TÚ**

Presselect/Alamy

Volver a leer

Mientras lees puedes encontrarte con palabras, explicaciones o datos que no entiendes. Volver a leer el texto puede ayudarte a comprenderlos.

 ## Busca evidencias en el texto

Cuando leo la página 277 de "El mar", no entiendo qué es la erosión. Voy a volver a leer esta sección.

página 277

llevarse trozos de tierra. Pueden cambiar la forma de una **isla**, que es tierra rodeada por agua. Cuando el viento y el agua cambian la superficie de la **Tierra**, se produce lo que se llama erosión.

Las olas son la principal causa de la erosión en las playas. Siempre están **activas**, moviéndose hacia la orilla. Arrastran la arena y, poco a poco, se la van llevando.

Leo que la erosión se produce cuando las olas y el viento cambian la superficie de la Tierra.
Volver a leer me ayudó a entender qué es la erosión.

Tu turno

¿Por qué la erosión es un problema? Vuelve a leer la página 278 de "El mar" para responder la pregunta.

Causa y efecto

Una causa es un suceso o una acción que hace que algo ocurra. El efecto es lo que sucede debido a eso.

 Busca evidencias en el texto

En la página 277 de "El mar", leí que el mar puede llevarse arena de la playa. Esta es la causa. Me pregunto: "¿Qué sucede cuando el agua se lleva la arena?" Esto me ayudará a entender el efecto.

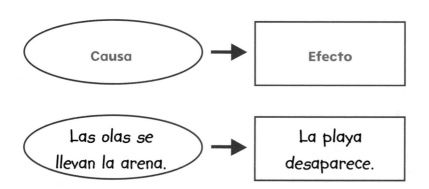

| Causa | → | Efecto |
| Las olas se llevan la arena. | → | La playa desaparece. |

Tu turno

Vuelve a leer la página 278. Completa el organizador gráfico con una causa y un efecto.

¡Conéctate! Usa el organizador gráfico interactivo.

Texto expositivo

La selección "El mar" es un texto expositivo.
El **texto expositivo:**
- tiene datos sobre sucesos reales.
- suele tener subtítulos.
- el texto tiene una estructura.

Busca evidencias en el texto

"El mar" es un texto expositivo. Sé que es un texto expositivo porque muestra causas y efectos de sucesos reales. También, tiene características del texto.

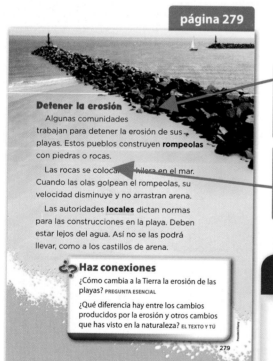

página 279

Detener la erosión

Algunas comunidades trabajan para detener la erosión de sus playas. Estos pueblos construyen **rompeolas** con piedras o rocas.

Las rocas se colocan en hilera en el mar. Cuando las olas golpean el rompeolas, su velocidad disminuye y no arrastran arena.

Las autoridades **locales** dictan normas para las construcciones en la playa. Deben estar lejos del agua. Así no se las podrá llevar, como a los castillos de arena.

Haz conexiones

¿Cómo cambia a la Tierra la erosión de las playas? PREGUNTA ESENCIAL

¿Qué diferencia hay entre los cambios producidos por la erosión y otros cambios que has visto en la naturaleza? EL TEXTO Y TÚ

279

Características del texto

Los **subtítulos** nos dicen de qué trata la sección de un texto.

Las **palabras en negrilla** ayudan a entender la selección.

COLABORA

Tu turno

Vuelve a leer la página 279. Cuenta por qué son importantes los rompeolas.

Claves de contexto

Cuando lees, puedes averiguar el significado de una palabra que no conoces buscando claves en las palabras y oraciones que están cerca.

 Busca evidencias en el texto
No estoy seguro del significado de la palabra comunidades. *Continúo leyendo, buscando claves. Veo que en la oración siguiente usaron* pueblos. *Creo que la palabra* comunidades *significa "pueblos".*

> Algunas comunidades trabajan para detener la erosión de sus playas. Estos pueblos construyen rompeolas con grandes piedras o rocas.

Tu turno

COLABORA

Usa claves en oraciones para hallar el significado de estas palabras de "El mar".
  desmoronarse, *página 278*
  acantilados, *página 278*

De lectores...

Los escritores a veces usan palabras que indican secuencia. Estas te ayudan a entender en qué orden sucedieron las cosas. Vuelve a leer el pasaje de "El mar".

Ejemplo modelo

Selección de palabras

¿Qué **palabras que indican secuencia** el autor usa para explicar cómo se produce la erosión?

También se produce erosión en los acantilados rocosos y empinados o en las pendientes pronunciadas. Primero las olas golpean la base de los acantilados. Luego, se llevan trozos de roca diminutos. Con el tiempo, muchos trozos pequeños de roca se desprenden de la base del acantilado. Esto hace que se debilite la cima del acantilado. El acantilado puede desmoronarse y caer.

Paul Thompson Images/Alamy

a escritores

Pablo escribió un texto expositivo.
Lee las correcciones que hizo Pablo.

Marcas de corrección

/ minúscula

⊙ agregar punto

∧ insertar

✄ eliminar

Manual de gramática
Página 472
El verbo irregular ir, en presente y pretérito

Ejemplo del estudiante

Erosión

Las olas se ^van^ llevando arena de

las playas. A esto se le llama

erosión. Por eso la playa va ~~va~~

desapareciendo con el tiempo.

Entonces ⊙ ~~N~~o queda mucha playa ∧

¡In-creí-ble! ¡Sin arena, la gente

no irá a la playa!

Tu turno

COLABORA

- ☑ Identifica las palabras que usó Pablo que indican secuencia.
- ☑ Identifica el verbo *ir*.
- ☑ Explica cómo mejoró el texto con las correcciones.

¡Conéctate!
Escribe en el rincón del escritor.

Pregunta esencial

¿Cuáles son las diferencias entre los niños del mundo?

¡Conéctate!

Alrededor del mundo

Este juego se llama críquet. Es popular en muchos países del mundo. Se juega entre dos equipos.

▶ Se usa un bate y una pelota.

▶ Se le pega a la pelota y se corre hacia el final de la cancha para anotar.

Coméntalo

Piensa en juegos que sean especiales en tu cultura. Comenta en pareja en qué se parecen o se diferencian del críquet. Escribe tus ideas en la tabla.

Parecido	Diferente

Vocabulario

Mira las fotos y lee las oraciones para comentar cada palabra con un compañero o una compañera.

común
La roña o mancha es un juego **común** de los niños.

Nombra otros juegos comunes que conozcas.

costumbre
Una **costumbre** del Día de Acción de Gracias es cenar pavo.

Habla de tus costumbres en las fiestas.

desfile
La banda de nuestra escuela marcha en los **desfiles**.

¿Qué es lo que más te gusta de los desfiles?

disfraz
Cada actor de la obra usó un **disfraz** colorido.

¿Alguna vez usaste un disfraz en la escuela?

favorito

El otoño es nuestra estación **favorita** porque nos gusta más el clima frío.

¿Cuál es tu estación favorita?

preguntarse

Me **pregunto** cuándo dejará de llover.

¿Acerca de qué cosas te preguntas?

rodeado

Estábamos **rodeados** de flores.

¿Te gustaría viajar a un lugar rodeado de agua?

viajar

Viajamos en auto por la ruta.

¿De qué otro modo puedes viajar?

COLABORA

Tu turno

Elige tres palabras y escribe tres preguntas para tu compañero o compañera.

¡Conéctate! Usa el glosario digital ilustrado.

¡Feliz Año Nuevo!

¿? Pregunta esencial

¿Cuáles son las diferencias entre los niños del mundo?

Lee sobre una niña que celebra Año Nuevo en Estados Unidos y en China.

Susan Swan

290

Yo celebré el Año Nuevo dos veces en un año. ¿Te **preguntas** cómo? Lo celebré en Estados Unidos y después en China.

El 31 de diciembre, nuestra ciudad organizó un festejo para recibir el Año Nuevo. El festejo comenzó con un **desfile**. Una banda tocó música, y yo me hice pintar la cara como un león. Luego observé cómo un hombre hacía esculturas de hielo. ¡Estábamos **rodeados** de diversión!

Justo antes de la medianoche, todos fuimos al parque. La multitud hizo la cuenta regresiva de los últimos segundos del año viejo. Luego llegó mi parte **favorita**, lo que más me gusta. ¡Pum! ¡pum! ¡pum! Los fuegos artificiales explotaron como una lluvia de luces que se desparramaban por el cielo.

Después, mi familia tomó un avión a China. El avión es enorme y **viaja** sobre el océano como una ballena en el cielo. Celebramos el Año Nuevo chino con mi abuela. Este festejo es diferente al de Estados Unidos. Dura quince días, no solamente una noche. Cuando llegamos, mi abuela me sorprendió con ropa roja nueva. Dijo que traía buena suerte.

En la víspera de Año Nuevo, fuimos a la casa de mi abuela. Aprendí muchas **costumbres** chinas interesantes. Una de ellas es hacer una cena familiar que incluye empanadillas muy ricas. Luego salimos a ver el gran desfile. Al final, ¡un arcoíris de petardos explotó en el cielo!

Susan Swan

Esa semana, más tarde, vimos bailar al león chino. Yo nunca había visto algo así. Cada pareja de bailarines tenía un llamativo **disfraz** de león hecho de tela amarilla como el sol. ¡Los bailarines saltaban por el aire y hacían trucos increíbles!

El último día del Año Nuevo chino fuimos al Festival de la Linterna. La luna llena colgaba como un globo en el cielo oscuro. Todos hicieron linternas de papel que iluminaron la noche.

Las dos celebraciones fueron diferentes. Y al mismo tiempo eran las mismas. Tuvieron una cosa en **común**. ¡Ambas fueron maneras emocionantes de recibir el Año Nuevo!

¿? Haz conexiones

¿Qué diferencias hay entre el festejo del Año Nuevo en China y en Estados Unidos? **PREGUNTA ESENCIAL**

Compara los festejos de Año Nuevo en el cuento con la forma en que tú y tu familia lo celebran. **EL TEXTO Y TÚ**

Visualizar

Cuando visualizas, empleas las palabras del autor para formar en tu mente imágenes del cuento.

🔍 Busca evidencias en el texto

En la página 291 del cuento "Feliz Año Nuevo", ¿qué palabras me ayudan a visualizar lo que sucede?

página 291

El 31 de diciembre, nuestra ciudad organizó un festejo para recibir el Año Nuevo. El festejo comenzó con un **desfile**. Una banda tocó música, y yo me hice pintar la cara como un león. Luego observé cómo un hombre hacía esculturas de hielo. ¡Estábamos **rodeados** de diversión!

Justo antes de la medianoche, todos fuimos al parque. La multitud hizo la cuenta regresiva de los últimos segundos del año viejo. Luego llegó mi parte **favorita**, lo que más me gusta. ¡Pum! ¡pum! ¡pum!

Leo que una banda tocaba música y que la niña se hizo pintar la cara como león. Esto me ayuda a visualizar la historia.

Tu turno

COLABORA

Vuelve a leer la página 293. ¿Qué palabras te ayudan a visualizar el baile del león chino?

Susan Swan

Comparar y contrastar

Cuando comparas los sucesos de un cuento, buscas en qué se parecen. Cuando contrastas los sucesos, buscas en qué se diferencian.

 Busca evidencias en el texto

En la página 292 de "¡Feliz Año Nuevo!" comparo el tiempo que duran los festejos del Año Nuevo en China y en Estados Unidos.

	Festejo en Estados Unidos	Festejo en China
Cuánto dura	una noche	quince días
Actividades		

Tu turno

Vuelve a leer el cuento. Compara y contrasta la información y escríbela en el organizador gráfico.

¡Conéctate! Usa el organizador gráfico interactivo.

Ficción realista

"¡Feliz Año Nuevo!" es un cuento de ficción realista.
La **ficción realista:**

- es un relato inventado con personajes, ambiente y sucesos que podrían ser reales.
- a veces está escrito en primera persona.

Busca evidencias en el texto

Puedo darme cuenta de que "¡Feliz Año Nuevo!" es una ficción realista. Los sucesos en el cuento podrían ser reales. La persona que los cuenta se comporta como una persona real.

página 291

Yo celebré el Año Nuevo dos veces en un año. ¿Te **preguntas** cómo? Lo celebré en Estados Unidos y después en China.

El 31 de diciembre, nuestra ciudad organizó un festejo para recibir el Año Nuevo. El festejo comenzó con un **desfile.** Una banda tocó música, y yo me hice pintar la cara como un león. Luego observé cómo un hombre hacía esculturas de hielo. ¡Estábamos **rodeados** de diversión!

Justo antes de la medianoche, todos fuimos al parque. La multitud hizo la cuenta regresiva de los últimos segundos del año viejo. Luego llegó mi parte **favorita**, lo que más me gusta. ¡Pum! ¡pum! ¡pum! Los fuegos artificiales explotaron como una lluvia de luces que se desparramaban por el cielo.

291

Estructura del cuento

La ficción realista emplea a veces la **primera persona.** Un personaje usa palabras como *yo, mí,* nosotros, nuestro o mi para contar la historia.

COLABORA

Tu turno

Busca dos ejemplos que muestren que este cuento es una ficción realista.

296

Símiles

El símil usa las palabras *como* o *cual* para comparar dos cosas diferentes. Para comprender un símil, debes descubrir cómo compara el autor una cosa con otra.

 Busca evidencias en el texto

Leo "el avión viaja sobre el océano como una ballena en el cielo". Veo la palabra como, *así que el autor debe estar haciendo una comparación. Creo que el autor compara el enorme tamaño del avión con el de una ballena.*

> **El avión es enorme y viaja sobre el océano como una ballena en el cielo.**

Tu turno

Encuentra los siguientes símiles. Cuenta qué está comparando el autor.
> **tela amarilla,** *página 293*
> **luna llena,** *página 293*

Susan Swan

De lectores...

Los escritores usan la voz para expresar sus sentimientos. Muestran interés o emoción sobre un tema. Vuelve a leer el párrafo de "¡Feliz Año Nuevo!"

Voz

¿Cómo **expresa sus sentimientos** el personaje en este pasaje?

Ejemplo modelo

En la víspera de Año Nuevo, fuimos a la casa de mi abuela. Aprendí muchas costumbres chinas interesantes. Una de ellas es hacer una cena familiar que incluye empanadillas muy ricas. Luego salimos a ver el gran desfile. Al final, ¡un arcoíris de petardos explotó en el cielo!

Susan Swan

a escritores

Jenny le escribió una carta a su amiga. Lee las correcciones que hizo Jenny.

Manual de gramática
Página 472
El verbo irregular *ser*, en el presente y en el pretérito

Ejemplo del estudiante

Querida Ana: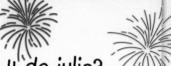

¿Cómo estuvo el 4 de julio?

~~Era~~
Es una tarde calurosa así que
∧

fuimos al lago con mi familia.

Cenamos
cenemos al lado del lago. Al
∧

final, llegó la hora de los fuegos

artificiales ⊙ ¡Los que más me
∧

enormes
gustaron fueron los fuegos
∧

de color morado! ¡Pum!

Jenny

Tu turno

COLABORA

- ☑ Identifica los sentimientos que expresa Jenny.
- ☑ Identifica el verbo *ser* en pretérito.
- ☑ Explica cómo mejoró el texto con las correcciones.

¡Conéctate!
Escribe en el rincón del escritor.

299

¿? Pregunta esencial

¿Cómo podemos disfrutar la naturaleza?

 ¡Conéctate!

Maravillas de la naturaleza

¿Alguna vez has visto un escarabajo con colores tan brillantes? ¿Has visto el cielo estrellado en un desierto? Estas son algunas de las maravillas que la naturaleza nos permite disfrutar:

► La fragancia de las flores

► El calor del sol sobre la piel

Coméntalo

Trabaja con un compañero o una compañera. Piensa en algunas cosas de la naturaleza que disfrutas. Escribe en el diagrama.

Placeres de la naturaleza

Vocabulario

Mira las fotos y lee las oraciones para comentar
cada palabra con un compañero o una compañera.

alameda

Nos gusta mucho pasear por la **alameda**.

¿Cómo te sientes cuando paseas por una alameda?

constancia

Gracias a nuestra **constancia** ganamos en la competencia.

¿Qué cosas lograste gracias a tu constancia?

escena

Los actores me hacen reír en esta **escena**.

¿Qué escenas te parecen más divertidas?

espesura

Había muchos insectos en la **espesura** del bosque.

¿Qué otras cosas puedes encontrar en la espesura?

representar

Vamos a **representar** una hermosa obra de teatro.

¿Qué obra de teatro te gustaría representar?

sabiduría

Mi abuelo usa su **sabiduría** para ayudarme a resolver un problema.

Cuenta cómo reconoces la sabiduría de una persona.

semejanza

Hay muchas **semejanzas** entre mi hermano y yo.

¿Qué es lo contrario de semejanza?

tallo

El **tallo** de esta flor no tiene espinas.

¿Qué flor tiene tallo con espinas?

COLABORA

Tu turno

Elige tres palabras y escribe tres preguntas para tu compañero o compañera.

¡Conéctate! Usa el glosario digital ilustrado.

(t) Jupiterimages/Comstock Images/Getty Images; (tc) Blend Images /Alamy; (bc) Somos Images/Alamy; (b) Denise Balyoz Photography/Flickr/Getty Images

En el prado

Viviana Brass

Pregunta esencial

¿Cómo podemos disfrutar la naturaleza?

Lee sobre cómo estos dos niños disfrutan la naturaleza.

Escenografía:

Un prado con arbustos y flores.

(*Al abrirse el telón, los niños caminan por el prado y llegan a un cruce de dos caminos*).

Paula (*señalando uno de los caminos*).
Creo que por aquí llegamos al lago.

Nicolás (*señalando el otro camino*).
No, Paula, por aquí llegamos al bosque. Para ir hacia el lago, deberíamos ir por este otro camino y cruzar la **alameda**.

Personajes:

Paula, de 7 años.

Nicolás, de 7 años.

Paula *(abriendo los brazos).*

¡Entonces estamos más lejos de lo que creía!

Nicolás *(se agacha para tocar el césped suave y sonríe).*

Pero si tenemos **constancia**, no nos cansaremos.

Paula

En realidad, el bosque también es muy bello. Podríamos disfrutar de la **espesura**, ver cómo el aire puro y las hojas **representan** una **escena** de paz.

Nicolás *(mirando con admiración las flores y tocando con cuidado los **tallos**).*

Tus palabras me emocionan, Paula. Tienes una gran **sabiduría**. También podríamos disfrutar de este prado.

Paula

¡Ya lo estamos disfrutando! Si hay una **semejanza** entre el prado, el lago y el bosque es que nos recuerdan qué bello que es el mundo.

Nicolás *(extendiendo una mano hacia el cielo).* Tienes razón. Estamos disfrutando, pero yo todavía no me había dado cuenta.

Paula *(mirando también hacia el cielo).* Estás dejando que la naturaleza te haga feliz, Nicolás, yo sí me he dado cuenta.

(Los niños se abrazan emocionados y huelen las flores. Se cierra el telón).

⸮ Haz conexiones

¿Cómo disfrutan la naturaleza Paula y Nicolás? **PREGUNTA ESENCIAL**

¿Cómo disfrutas tú la naturaleza? **EL TEXTO Y TÚ**

Visualizar

Cuando visualizas, formas imágenes en la mente sobre los personajes, el ambiente y la trama de la obra de teatro.

 Busca evidencias en el texto

Mientras leo la página 306 de "En el prado" visualizo lo que sucede en la obra de teatro.

página 306

Nicolás (*mirando con admiración las flores y tocando con cuidado los* **tallos**).
Tus palabras me emocionan, Paula. Tienes una gran **sabiduría**. También podríamos disfrutar de este prado.

Leo que Nicolás está mirando con admiración las flores y tocando con cuidado los tallos. Estos detalles me ayudan a visualizar lo que sucede en la obra de teatro.

Tu turno

¿Cómo se sienten Paula y Nicolás en el prado? Vuelve a leer la obra de teatro para visualizarla y luego responde la pregunta.

Tema

El tema de una obra de teatro es el mensaje que el autor quiere transmitir a los espectadores. Para encontrar el tema, piensa en qué hacen y dicen los personajes.

 Busca evidencias en el texto

En la página 305, de "En el prado" conozco a los personajes y el ambiente. Estos datos me ayudarán a comprender el tema.

> Pista
>
> ## Paula y Nicolás están en el prado.

> Tema
>
> ## Están disfrutando del paisaje.

COLABORA

Tu turno

Vuelve a leer la obra de teatro. Busca otras pistas del tema y escríbelas en el organizador gráfico.

¡Conéctate! *Usa el organizador gráfico interactivo.*

Obra de teatro

"En el prado" es una obra de teatro.

Una **obra de teatro**:

- se puede representar sobre un escenario.
- tiene personajes que dialogan.
- puede dejar una lección para aprender.

 Busca evidencias en el texto

Sé que "En el prado" es una obra de teatro porque Paula y Nicolás dialogan sobre un escenario.

página 307

Paula

¡Ya lo estamos disfrutando! Si hay una **semejanza** entre el prado, el lago y el bosque es que nos recuerdan qué bello que es el mundo.

Nicolás *(extendiendo una mano hacia el cielo).* Tienes razón. Estamos disfrutando, pero yo todavía no me había dado cuenta.

Paula *(mirando también hacia el cielo).* Estás dejando que la naturaleza te haga feliz, Nicolás, yo sí me he dado cuenta.

(Los niños se abrazan emocionados y huelen las flores. Se cierra el telón).

Haz conexiones

Estructura de la obra

Veo que los personajes mantienen un **diálogo**. El diálogo es lo que los personajes dicen en una obra de teatro.

 COLABORA

Tu turno

En pareja, vuelvan a leer la obra de teatro. Hablen sobre la lección que aprendieron al leerla.

Raíces de palabras

Para comprender el significado de una palabra que no conoces, intenta separar la raíz de su terminación.

 Busca evidencias en el texto

No estoy seguro de qué significa la palabra admiración. *Separo su raíz de la terminación* -ción. *Sé que* admirar *significa "mirar con asombro" y que la terminación* –ción *significa "la acción de". Entonces,* admiración *significa "la acción de mirar con asombro"*

Nicolás (*mirando con* admiración *las flores y tocándo con cuidado los tallos*).

COLABORA

Tu turno

Usa las raíces para hallar el significado de las siguientes palabras.

realidad *página 306*
extendiendo *página 307*

De lectores...

Los escritores de obras de teatro usan la voz de los personajes para que los lectores sepan qué piensan o sienten.

Ideas

Explica cómo nos ayuda el escritor a conocer a los personajes. ¿Qué aprendemos acerca de ellos?

Ejemplo modelo

Nicolás *(extendiendo una mano hacia el cielo).*

Tienes razón. Estamos disfrutando, pero yo todavía no me había dado cuenta.

Paula *(mirando también hacia el cielo).*

Estás dejando que la naturaleza te haga feliz, Nicolás, yo sí me he dado cuenta.

Viviana Brass

a escritores

Marcas de corrección

≡ mayúscula

⊙ agregar punto

∧ insertar

✓ eliminar

Manual de gramática

Página 472

Verbos irregulares

Frank escribió un nuevo final para la obra de teatro. Léelo.

Ejemplo del estudiante

En el prado

Nicolás: Vamos a otro lado.

Estuvimos
¡~~Estamos~~ aquí demasiado

tiempo! Quiero conocer

otro lugar⊙

Tienes razón.
Paula: caminemos hacia la

colina. ¡aquí hace mucho calor!

Tu turno

COLABORA

- ☑ Identifica cómo creó Frank a sus personajes.
- ☑ Identifica un verbo irregular.
- ☑ Explica cómo mejoró el texto con las correcciones.

¡Conéctate!
Escribe en el rincón del escritor.

¿? Pregunta esencial

¿Qué nos gusta de la naturaleza?

¡Conéctate!

© Alaska Stock/Corbis

¡Naturaleza!

¡La naturaleza puede ser muy emocionante! Esta ballena da un salto fuera del océano varias veces por día. Algunas personas escriben poemas sobre lo que ven en la naturaleza. Hay muchos temas de la naturaleza sobre los cuales escribir.

▶ El aire libre

▶ Las estaciones

▶ Los seres vivos

Coméntalo

¡La naturaleza nos gusta!

Comenta en pareja lo que te gusta de la naturaleza. Escribe tus ideas en la red.

Vocabulario

Mira las fotos y lee las oraciones para comentar cada palabra con un compañero o una compañera.

afuera Jugamos al fútbol **afuera**.

Nombra algo que puedas hacer afuera pero no puedas hacer adentro.

gustar Al público le **gustó** la danza.

¿Qué te gusta hacer cuando vas de paseo?

tejado A mi gato le gusta tomar sol sobre el **tejado**.

¿Hay muchos tejados en tu vecindario?

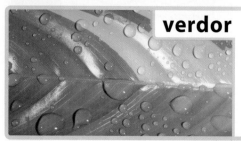

verdor Las gotas resaltan el **verdor** de la hoja.

Nombra dos cosas que se destaquen por su verdor.

Términos de poesía

aliteración

Hay **aliteración** en un poema si hallas palabras con los mismos sonidos.

Nombra tres palabras que comiencen con los mismos sonidos.

repetición

Los poetas que reiteran una palabra o frase, usan la **repetición**.

¿Por qué los poetas usan la repetición?

verso libre

Los poemas con **verso libre** no tienen rima.

¿Qué tipo de poemas te gusta escribir, con rima o con verso libre? ¿Por qué?

lenguaje figurado

El **lenguaje figurado** es cuando se usa una palabra o una idea para hablar de algo diferente.

Usa lenguaje figurado para nombrar un objeto.

Tu turno

COLABORA

Elige tres palabras y escribe tres preguntas para tu compañero o compañera.

¡Conéctate! **Usa el glosario digital ilustrado.**

¿? Pregunta esencial

¿Qué nos gusta de la naturaleza?

Lee cómo los poetas describen la naturaleza.

Don Paulson Photography/Getty Images

El rocío

**Las gotas de rocío son perlas
transparentes bajo la limpia luz del amanecer,
formando un collar sin principio ni fin
que adorna los pétalos fragantes de una rosa.**

Silvia Arana

Poema

La otra tarde se ha llevado
el viento más hojas secas.
¡Qué pena tendrán los árboles
esta noche sin estrellas!

Parece que están soñando
con sus pobres hojas secas;
yo les digo: ¡no lloréis!,
ya vendrán las hojas nuevas.

Juan Ramón Jiménez

Conversación

Amigo mío,
en la distancia,
miro
la mano de tu alta copa
que me grita "hola".

Amigo mío,
en la distancia,
siento
que tu amistad y tronco
son mi apoyo y mi abrigo.

Yolanda Blanco

¿? Haz conexiones

Di qué les gusta de la naturaleza a estos poetas. **PREGUNTA ESENCIAL**

¿Qué poema te gustó más? ¿Qué te gusta de la naturaleza? **EL TEXTO Y TÚ**

Stumayhew/Flickr/Getty Images

Poema de verso libre

Los **poemas de verso libre**:
- muestran los pensamientos o sentimientos del poeta.
- no tienen rima.
- pueden tener lenguaje figurado.

🔍 Busca evidencias en el texto

Puedo decir que "El rocío" es un poema de verso libre. Cuenta los sentimientos del poeta frente al rocío sobre las flores. El poema no tiene rima.

página 319

El rocío

Las gotas de rocío son perlas transparentes bajo la limpia luz del amanecer, formando un collar sin principio ni fin que adorna los pétalos fragantes de una rosa.

Silvia Arana

Este poema tiene verso libre. No tiene palabras que rimen al final de los versos.

Tu turno COLABORA

Vuelve a leer el poema "Conversación". Explica qué tipo de poema es.

Don Paulson Photography/Getty Images

Tema

El tema es el mensaje principal o la lección en un poema. Las pistas te ayudarán a descubrir el tema.

 Busca evidencias en el texto

Vuelvo a leer "Poema" buscando pistas para descubrir el tema.

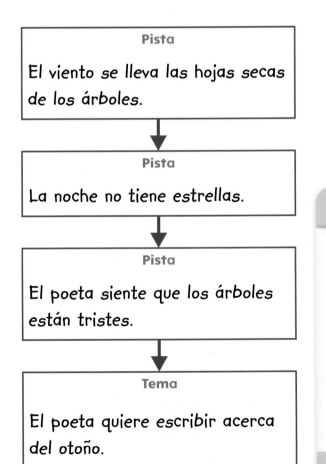

Pista

El viento se lleva las hojas secas de los árboles.

Pista

La noche no tiene estrellas.

Pista

El poeta siente que los árboles están tristes.

Tema

El poeta quiere escribir acerca del otoño.

Tu turno

Vuelve a leer "Conversación". Busca las pistas y escríbelas en el organizador gráfico. Usa esas pistas para descubrir el tema del poema.

¡Conéctate!
Usa el organizador gráfico interactivo.

Repetición

Los poetas usan la repetición para que los poemas suenen parecidos a las canciones o para resaltar su significado.

 Busca evidencias en el texto

Cuando leo "Conversación" en voz alta, escucho las repeticiones. Vuelvo a leer el poema y presto atención a las palabras que se repiten.

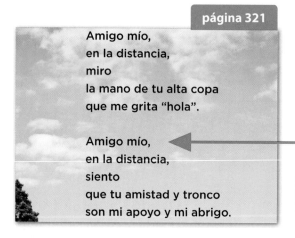

página 321

Amigo mío,
en la distancia,
miro
la mano de tu alta copa
que me grita "hola".

Amigo mío,
en la distancia,
siento
que tu amistad y tronco
son mi apoyo y mi abrigo.

La poeta repite amigo mío. *También repite* en la distancia. *Estas repeticiones resaltan el significado del poema.*

 COLABORA

Tu turno

Vuelve a leer "Conversación". Escucha las palabras y frases que se repiten. Habla sobre cómo la repetición agrega significado al poema.

Stumayhew/Flickr/Getty Images

Lenguaje figurado

El lenguaje figurado es el uso de una palabra o frase para hablar de otra cosa.

 Busca evidencias en el texto

En el poema "Conversación", leo la frase pues tu amistad y tronco son mi apoyo y mi abrigo. *Sé que el árbol no puede ser un abrigo. Entonces entiendo que la poeta usa lenguaje figurado para hablar de sus sentimientos frente al árbol.*

página 321

que tu amistad y tronco
son mi apoyo y mi abrigo.

Yolanda Blanco

Tu turno

Vuelve a leer los poemas. ¿Qué otros ejemplos de lenguaje figurado encuentras? ¿Qué ideas representan los poetas con el lenguaje figurado?

De lectores...

Los poetas usan palabras sensoriales para describir cómo se ven algunas cosas, o cómo suenan, huelen, saben o qué textura tienen.

Selección de palabras

Identifica las **palabras sensoriales** en este poema. ¿Por qué son palabras sensoriales?

Ejemplo modelo

La otra tarde se ha llevado
el viento más hojas secas.
¡Qué pena tendrán los árboles
esta noche sin estrellas!

Parece que están soñando
con sus pobres hojas secas;
yo les digo: ¡no lloréis!,
ya vendrán las hojas nuevas.

Pirka-makiri/Flickr/Getty Images

a escritores

Marcas de corrección

(ort.) ortografía.

⊙ agregar punto

∧ insertar.

⸜ eliminar.

Manual de gramática
Página 472
Verbos irregulares

Sergio escribió un poema de verso libre. Lee sus correcciones.

Ejemplo del estudiante

Del día a la noche

Me gusta ver el cielo,

cambiar del día a la noche.

El sol ~~baja~~ *se hunde* detrás

de altos árboles.

Las nubes ~~son coloridas~~. *se vuelven rosadas y anaranjadas*

Los grillos ~~hacer~~ *hacen* un ruido fuerte⊙

Mis ojos se sienten pesados.

No los puedo mantener (aviertos.) (ort.)

Buenas noches, cielo nocturno.

Tu turno

☑ Identifica las palabras sensoriales que usó Sergio.
☑ Identifica un verbo irregular.
☑ Explica cómo mejoró el texto con las correcciones.

¡Conéctate!
Escribe en el rincón del escritor.

Mejorar nuestro mundo

La gran idea

¿Que hace la gente para mejorar el mundo?

"El mundo es como un gran rompecabezas y nuestra misión en la vida es descubrir cómo encajan las piezas. Nosotros ayudamos a encontrar agua potable".

Ryan Hreljac
Ryan's Well Foundation
(Fundación dedicada a proveer agua potable)

Buenos ciudadanos

Estas niñas están recaudando dinero. Quieren comprar juegos nuevos para el parque de su vecindario. Ellas son buenas ciudadanas. Los ciudadanos tienen derechos y responsabilidades.

▶ Un ciudadano tiene la responsabilidad de cuidar la limpieza de su comunidad.

▶ Un ciudadano tiene derechos, como el derecho de ir a la escuela.

Coméntalo

Comenta en pareja otros modos de ser un buen ciudadano. Escribe tus ideas en la red conceptual.

Buenos ciudadanos

Vocabulario

Mira las fotos y lee las oraciones para comentar cada palabra con un compañero o una compañera.

anaquel Ben buscó libros de aventuras en los **anaqueles** de la biblioteca.

¿Qué más se puede guardar sobre un anaquel?

asombrado Miguel miró **asombrado** las fotos del último tornado.

¿Cuándo te sentiste asombrado por algo?

combinar Sara desea que los colores de su ropa **combinen**.

¿Te gusta combinar colores?

derecho Uno de tus **derechos** como ciudadano es ir a la escuela.

Nombra otro derecho que tienes.

donación

Esta familia hizo una **donación** de la ropa que ya no utiliza.

¿Alguna vez hiciste una donación?

obsequiar

Daniel le **obsequió** a su mamá un ramo de flores.

¿Qué te gustaría que te obsequiaran?

posibilidad

Maya cree que tiene la **posibilidad** de volver a ganar.

¿Qué palabra significa lo opuesto de posibilidad?

responsabilidad

Tengo la **responsabilidad** de ordenar mi cuarto.

Nombra otras responsabilidades que tengas en tu casa.

Tu turno

COLABORA

Elige tres palabras y escribe tres preguntas para tu compañero o compañera.

¡Conéctate! Usa el glosario digital ilustrado.

Una lección de mi abuela

 Pregunta esencial

¿Qué hacen los buenos ciudadanos?

Lee y descubre cómo fue buena ciudadana una niña.

Estoy creciendo y algunos de mis juguetes viejos ya no me interesan. Pensé en tirarlos a la basura. Pero mi abuela me miró **asombrada** cuando se lo dije.

—¿Están tan rotos esos juguetes? ¿Realmente crees que no le servirán a nadie? —me dijo con voz seria.

—No. Mis juguetes no están rotos. Simplemente, ya estoy un poco grande —le contesté.

Entonces, mi abuela me dijo que podría hacer una **donación**.

—¿Qué es una donación, abuela? —le pregunté.

Mi abuela me explicó que las personas hacen una donación cuando **obsequian** algo a quien lo necesita.

—Es algo que hacen los buenos ciudadanos —dijo—. Si te comportas con **responsabilidad**, tu donación llegará a quien en verdad la necesite.

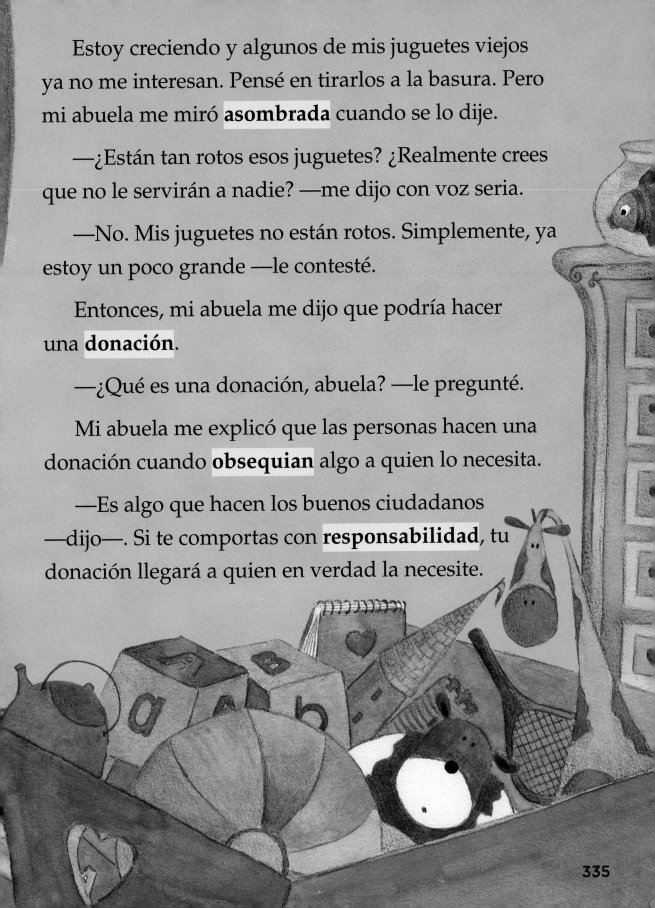

—¿Entonces es mejor que le done los juguetes a mi primita? —pregunté. Mi abuela me miró con una sonrisa.

—Creo que no sería una donación. Piensa en otra **posibilidad**. Hay niños a quienes no conoces, que quizás no tienen tantos juguetes como tu primita.

—Si no los conozco… ¿Cómo puedo donárselos?

—Puedes ir a una institución que reciba alimentos, ropa y juguetes. Estas instituciones después los entregan a personas necesitadas.

—Tienes razón, abuela. Ellos también tienen **derecho** a jugar.

Mi abuela me abrazó contenta.

—Y también tienen derecho a no pasar frío y a estudiar —agregó.

María Cecilia Molinuevo

Entonces tomamos mis juguetes viejos y los pusimos en una caja. Luego mi abuela miró el **anaquel** de mi biblioteca y me pidió que seleccionara algunos libros.

—¡Tengo algo de ropa que ya no me entra! —dije entusiasmada.

—Vamos a donarla también —dijo mi abuela.

Tenía algunas prendas que estaban como nuevas y un par de zapatos que **combinaban** muy bien con un par de pantalones para la escuela.

—Estoy orgullosa de ti —dijo mi abuela.

A la mañana siguiente entregamos la caja a una institución que luego distribuye las donaciones. Esa noche dormí muy feliz. Me estaba convirtiendo en una buena ciudadana.

¿? Haz conexiones

¿Cómo fue buena ciudadana esta niña?
PREGUNTA ESENCIAL

¿Qué puedes hacer tú para ser un buen ciudadano?
EL TEXTO Y TÚ

Resumir

Para resumir debes contar con tus propias palabras sólo los sucesos más importantes del cuento. Esto te ayudará a recordar lo que leíste.

 Busca evidencias en el texto

Vuelvo a leer la página 335 de "Una lección de mi abuela" y pienso en los sucesos importantes para resumir lo que ocurrió.

> **página 335**
>
> Estoy creciendo y algunos de mis juguetes viejos ya no me interesan. Pensé en tirarlos a la basura. Pero mi abuela me miró **asombrada** cuando se lo dije.
>
> —¿Están tan rotos esos juguetes? ¿Realmente crees que no le servirán a nadie? —me dijo con voz seria.
>
> —No. Mis juguetes no están rotos. Simplemente, ya estoy un poco grande —le contesté.
>
> Entonces, mi abuela me dijo que podría hacer una **donación**.
>
> —¿Qué es una donación, abuela? —le pregunté.
>
> Mi abuela me explicó que las personas hacen una donación cuando **obsequian** algo a quien lo necesita.

Leo que una niña le cuenta a su abuela que tirará a la basura sus juguetes viejos y la abuela le explica que es mejor hacer una donación.

Tu turno

COLABORA

Resume el desarrollo y el final del cuento. Recuerda que debes contar los sucesos importantes con tus propias palabras.

María Cecilia Molinuevo

Punto de vista

El personaje que cuenta la historia piensa o tiene sentimientos sobre lo que ocurre. Este es el punto de vista del personaje. Las palabras *yo*, *mi*, *me* y *mío* muestran quién está narrando.

 Busca evidencias en el texto

Mientras leo la página 335 de "Una lección de mi abuela", veo que la que habla es una niña. Buscaré una pista para descubrir su punto de vista.

Personaje	Pista	Punto de vista
La niña	"Pensé en tirarlos a la basura".	Piensa que sus juguetes ya no le sirven.

Tu turno

Vuelve a leer la página 335 de "Una lección de mi abuela". Completa el organizador gráfico para mostrar el punto de vista de la abuela.

¡Conéctate! Usa el organizador gráfico interactivo.

Ficción realista

"Una lección de mi abuela" es un cuento de ficción realista. La **ficción realista:**

- tiene personajes que hablan y actúan como personas verdaderas.
- tiene un ambiente que puede existir en la vida real.
- puede estar contada en primera persona.

 Busca evidencias en el texto

Sé que "Una lección de mi abuela" es ficción realista porque los personajes podrían existir en la vida real. También está narrada en primera persona.

página 336

—¿Entonces es mejor que le done los juguetes a mi primita? —pregunté. Mi abuela me miró con una sonrisa.

—Creo que no sería una donación. Piensa en otra **posibilidad.** Hay niños a quienes no conoces, que quizás no tienen tantos juguetes como tu primita.

—Si no los conozco… ¿Cómo puedo donárselos?

—Puedes ir a una institución que reciba alimentos, ropa y juguetes. Estas instituciones después los entregan a personas necesitadas.

—Tienes razón, abuela. Ellos también tienen **derecho** a jugar.

Mi abuela me abrazó contenta.

—Y también tienen derecho a no pasar frío y a estudiar —agregó.

336

Estructura del cuento

El cuento está contado desde el punto de vista de la primera persona. El personaje usa *me* y *mi.*

 **COLABORA**

Tu turno

Busca dos ejemplos que muestren que "Una lección de mi abuela" es ficción realista.

Sufijos

Si encuentras una palabra que no conoces, puedes separar la palabra y el sufijo que se agregó, por ejemplo, *-ción* o *-mente*, para descubrir lo que esa palabra significa.

Busca evidencias en el texto

Veo en la página 335 la palabra donación *y no estoy muy seguro de lo que significa. El sufijo* -ción *significa que se realiza una acción. Creo que la palabra* donación *significa que se dona, o regala, alguna cosa.*

Entonces, mi abuela me dijo que podría hacer una donación.

Tu turno

Usa los sufijos para descubrir el significado de las siguientes palabras de "Una lección de mi abuela".
simplemente, página 335
orgullosa, página 337

María Cecilia Molinuevo

De lectores...

Un escritor usa detalles descriptivos para hablar de los personajes, el ambiente y los sucesos. Vuelve a leer esta parte de "Una lección de mi abuela".

Ejemplo modelo

Ideas

¿Qué **detalles descriptivos** usa el autor para narrar los sucesos del cuento?

Entonces tomamos mis juguetes viejos y los pusimos en una caja. Luego mi abuela miró el anaquel de mi biblioteca y me pidió que seleccionara algunos libros.

—¡Tengo algo de ropa que ya no me entra! —dije entusiasmada.

—Vamos a donarla también —dijo mi abuela.

Tenía algunas prendas que estaban como nuevas y un par de zapatos que combinaban muy bien con un par de pantalones para la escuela.

María Cecilia Molinuevo

a escritores

Marcas de corrección

≡ Mayúscula

⊙ Agregar punto

∧ Insertar

ℐ Eliminar

Manual de gramática

Página 472

El pronombre personal

Andrea escribió una carta a una amiga. Lee las correcciones que hizo Andrea.

Ejemplo del estudiante

Querida Daniela:

¡Ayer fue un día divertido! A

las 4 p.m. mi familia y yo fuimos

al parque. Trabajamos

recogiendo basura. nosotros

usamos guantes descartables

y bolsas. ¡El parque quedó

hermoso ~~bueno~~ cuando terminamos!

Tu amiga,

Andrea

Tu turno

COLABORA

- ☑ Identifica detalles descriptivos.
- ☑ Identifica pronombres personales.
- ☑ Explica cómo mejoró el texto con las correcciones.

¡Conéctate!
Escribe en el rincón del escritor.

¿? Pregunta esencial

¿Cómo hace la gente para llevarse bien?

¡Conéctate!

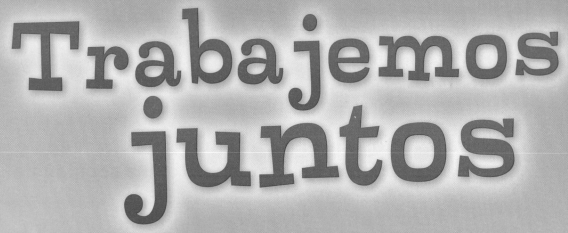

Trabajemos juntos

Estos niños están participando de un juego que necesita cooperación para lograr que el paracaídas suba. Para cooperar, tú necesitas:

▶ Escuchar y prestar atención a los que te rodean.

▶ Trabajar juntos para realizar la tarea.

▶ Respetar a los demás.

Coméntalo

Comenta en pareja qué tareas necesitan cooperación. Escribe tus ideas en la red.

Cómo cooperamos

Vocabulario

Mira las fotos y lee las oraciones para comentar cada palabra con un compañero o una compañera.

compañía

Violeta se divierte mucho en **compañía** de su prima.

¿En compañía de quién te diviertes mucho?

cooperar

En una carrera de postas los corredores deben **cooperar**.

¿Cómo puedes cooperar en tu casa?

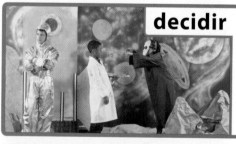

decidir

Andrés **decidió** participar en la obra de teatro.

Menciona algo que hayas decidido hacer.

dichoso

Sara está **dichosa** porque recuperó su gatita perdida.

¿Cuándo te sientes dichoso?

interactuar

A Briana le gusta **interactuar** con sus amigos.

¿Con quién te gusta interactuar en el parque?

moldear

Nos encanta **moldear** castillos de arena.

¿Qué más puedes moldear con arena?

molesto

Samuel estaba **molesto** porque se aburría.

¿Cuándo te sientes molesto?

sentirse

Agustín **se siente** cómodo estudiando en la biblioteca.

¿En qué lugar te sientes cómodo?

COLABORA

Tu turno

Elige tres palabras y escribe tres preguntas para tu compañero o compañera.

¡Conéctate! *Usa el glosario digital ilustrado.*

Las palomas de la plaza

Guadalupe Haedo

¿**Cómo hace la gente para llevarse bien?**

Lee sobre unas palomas que se llevan bien con todos.

Las campanadas de la iglesia nos despiertan temprano cada mañana. Todavía un poco dormidas, agitamos las alas y volamos hacia la plaza. Allí, junto a la fuente, en unos minutos comenzarán a pasar los niños **dichosos** que van a la escuela. Algunas de nosotras los saludamos con un suave aleteo y les hacemos **compañía** hasta que llegamos a la esquina. Las niñas disfrutan corriendo detrás de nosotras y nosotras disfrutamos volando bajo, delante de las niñas y hablando con ellas.

Una hora más tarde, llegan los oficinistas. Algunos **deciden** detenerse unos minutos para contemplar el cielo. Nos damos cuenta de que **se sienten** bien. Se estiran en los bancos, relajados, y nos sonríen antes de seguir hacia sus trabajos. *Zapatero, a tus zapatos*, parecen decir, y se apuran para llegar a horario.

Nosotras **interactuamos** con todos. Cerca del mediodía, un grupo de jóvenes se reúne para estudiar y nos acercamos, porque sabemos que disfrutan tirándonos migas de pan y de galletas. No queremos distraerlos de sus libros. Si nos quedamos mucho tiempo junto a ellos, es probable que se vayan por las ramas. Y nosotras queremos que aprueben sus exámenes.

Acercarnos a las personas, conversar un poquito con ellas de nuestras cosas, y luego dejar que sigan con sus actividades es un modo de **cooperar**. Se divierten con nuestros juegos, y después se sienten un poco más alegres.

Al atardecer, los niños que vienen a la plaza junto a sus padres juegan en los columpios. Algunos niños prefieren quedarse en la arena y **moldean** casas y muñecos que el viento dispersará durante la noche.

A veces, cuando llueve, estamos un poco cansadas. Algunas de nosotras no podemos pegar un ojo en toda la noche. Entonces, aunque estemos **molestas**, hacemos lo posible por llevarnos bien entre nosotras y con la gente.

A la noche, la ciudad vuelve a quedar quieta y silenciosa. Entonces, felices y llenas de paz, regresamos a nuestros nidos para descansar hasta la mañana siguiente.

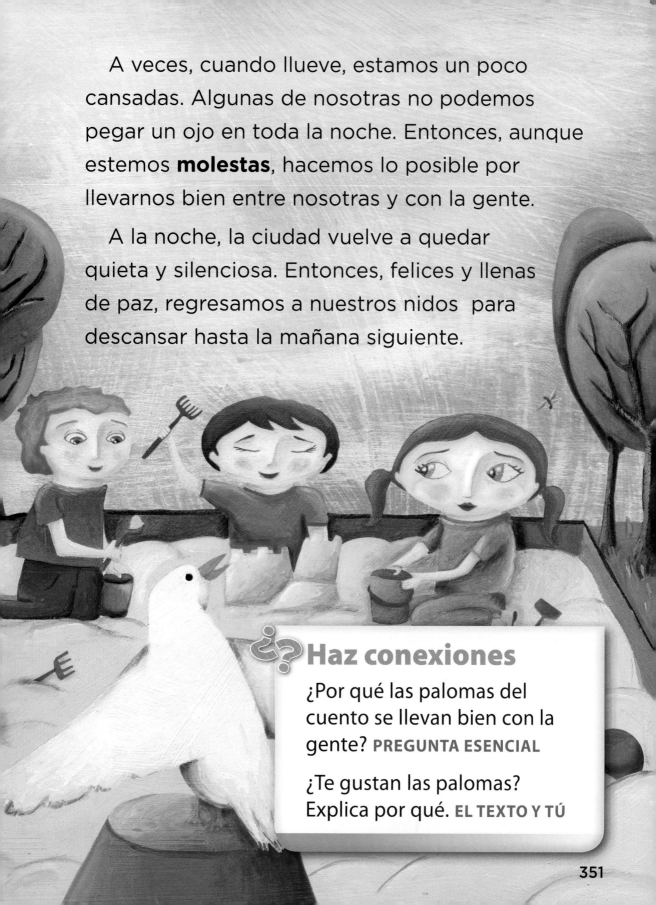

¿? Haz conexiones

¿Por qué las palomas del cuento se llevan bien con la gente? **PREGUNTA ESENCIAL**

¿Te gustan las palomas? Explica por qué. **EL TEXTO Y TÚ**

Resumir

Para resumir un cuento, debes contar con tus propias palabras solo los sucesos más importantes. Usa los detalles de la historia como ayuda para resumir.

 Busca evidencias en el texto

En la página 349 del cuento "Las palomas de la plaza", ¿qué sucesos importantes y qué detalles me ayudan a resumir lo que ocurrió al principio?

página 349

plaza. Allí, junto a la fuente, en unos minutos comenzarán a pasar los niños **dichosos** que van a la escuela. Algunas de nosotras los saludamos con un suave aleteo y les hacemos **compañía** hasta que llegamos a la esquina. Las niñas disfrutan corriendo detrás de nosotras y nosotras disfrutamos volando bajo, delante de las niñas y hablando con ellas.

Una hora más tarde, llegan los oficinistas. Algunos **deciden** detenerse unos minutos para contemplar el cielo. Nos damos cuenta de que **se sienten** bien. Se estiran en los bancos, relajados, y nos sonríen antes de seguir hacia sus trabajos. *Zapatero, a tus zapatos*, parecen decir, y se apuran para llegar a horario.

Leo que las palomas vuelan hacia la plaza cada mañana y que saludan y acompañan a los que pasan por allí.

COLABORA

Tu turno

Vuelve a leer y resume el desarrollo y el final del cuento. Recuerda que debes contar los sucesos importantes con tus propias palabras.

Guadalupe Haedo

Punto de vista

El punto de vista es lo que el personaje piensa y siente frente a lo que ocurre en la historia. Busca pistas que te muestren cuál es el punto de vista del personaje en este texto.

 Busca evidencias en el texto

Mientras leo la página 350 de "Las palomas de la plaza", veo que quienes narran son las palomas. Buscaré una pista para descubrir su punto de vista.

Personaje	Pista	Punto de vista
Las palomas	"Nosotras interactuamos con todos".	Acercarse a la gente para alegrarla es un modo de cooperar.

COLABORA

Tu turno

Vuelve a leer "Las palomas de la plaza". Completa el organizador gráfico con el punto de vista de las palomas sobre los niños y los estudiantes.

¡Conéctate! *Usa el organizador gráfico interactivo.*

Fantasía

"Las palomas de la plaza" es una fantasía. La **fantasía:**

- tiene personajes y sucesos que no pueden ocurrir en la vida real.

- tiene dibujos que muestran esos personajes.

Busca evidencias en el texto

Puedo darme cuenta de que "Las palomas de la plaza" es una fantasía porque las palomas se comportan como personas y hablan con la gente. También tiene ilustraciones no realistas.

página 351

A veces, cuando llueve, estamos un poco cansadas. Algunas de nosotras no pueden pegar un ojo en toda la noche. Entonces, aunque estemos **molestas**, hacemos lo posible por llevarnos bien entre nosotras y con la gente.

A la noche, la ciudad vuelve a quedar quieta y silenciosa. Entonces, felices y llenas de paz, regresamos a nuestros nidos para descansar hasta la mañana siguiente.

Haz conexiones

¿Por qué las palomas del cuento se llevan bien con la gente? PREGUNTA ESENCIAL

¿Te gustan las palomas? Explica por qué. EL TEXTO Y TÚ

351

Ilustraciones

Las ilustraciones nos muestran otros detalles. Vemos a una paloma hablando con los niños y eso no puede suceder en la realidad.

COLABORA

Tu turno

Busca otro ejemplo que muestre que "Las palomas de la plaza" es una fantasía.

Modismos

Los modismos son palabras o frases que tienen diferente significado del que realmente tienen las palabras por separado. Para hallar el significado de un modismo, debes buscar pistas en las palabras u oraciones cercanas.

Busca evidencias en el texto

Veo en la página 349 la frase "Zapatero, a tus zapatos" y no estoy seguro de lo que significa. Sé que los oficinistas se detuvieron en la plaza. Leo que ahora se apuran para llegar al trabajo. Creo que este modismo significa "hacer lo que se debe hacer".

Zapatero, a tus zapatos parecen decir, y se apuran para llegar a horario.

Tu turno

Usa las claves de contexto para descubrir los significados de estos modismos en "Las palomas de la plaza".

que se vayan por las ramas, página 350

no pueden pegar un ojo, página 351

De lectores...

Un escritor usa oraciones cortas y largas para lograr que el texto sea más interesante. Vuelve a leer esta parte de "Las palomas de la plaza".

Fluidez de la oración

Identifica las **oraciones cortas y largas**. ¿Cómo ayudan a que el texto sea más interesante?

Ejemplo modelo

Cerca del mediodía, un grupo de jóvenes se reúne para estudiar y nos acercamos, porque sabemos que disfrutan tirándonos migas de pan y de galletas. No queremos distraerlos de sus libros. Si nos quedamos mucho tiempo junto a ellos, es probable que se vayan por las ramas. Y nosotras queremos que aprueben sus exámenes.

Guadalupe Haedo

a escritores

Manual de gramática

Página 472
Pronombres personales

Emilia escribió sobre un proyecto comunitario. Lee las correcciones que hizo Emilia.

Ejemplo del estudiante

¡Una tarde genial!

Nuestra clase decidió preparar

en el patio ^trasero de la escuela una

huerta comunitaria. <u>t</u>rabajamos

el sábado por la tarde.

Plantamos acelga, tomates,

calabazas ^nuestra maestra

estaba entusiasmada y ~~no~~ nos

ayudó mucho. ¡<u>a</u> mí me encantó

la idea!

Tu turno

☑ Identifica oraciones cortas y largas.
☑ Identifica un pronombre personal.
☑ Explica cómo mejoró el texto con las correcciones.

¡Conéctate!
Escribe en el rincón del escritor.

¿? Pregunta esencial

¿Quiénes nos inspiran?

¡Conéctate!

Descubre héroes

¿Qué es un héroe o una heroína? Es alguien a quien las personas admiran por sus logros y su coraje. Para muchas personas, los rescatistas son héroes.

▶ Los rescatistas arriesgan su vida.

▶ También salvan la vida de otras personas.

Coméntalo

Conversa en pareja sobre quiénes te inspiran. Cuenta qué hicieron para convertirse en héroes. Escribe tus ideas en la tabla.

Héroe/heroína	Por qué

Vocabulario

Mira las fotos y lee las oraciones para comentar cada palabra con un compañero o una compañera.

acordar

Todos **acordaron** levantar la mano para hacer preguntas.

¿Qué reglas han acordado en tu clase?

barrera

No hay **barreras** de edad para divertirse juntos.

¿Cuándo sentiste que estabas frente a una barrera?

estudiar

Me gusta **estudiar** historia.

¿Qué te gusta estudiar?

héroe

Los bomberos son **héroes** o heroínas que ayudan a la gente.

¿Conoces otros héroes o heroínas que arriesguen su vida?

honor

Joaquín recibió un premio de **honor** por su excelente informe.

¿Alguna vez recibiste un premio de honor?

intenso

El golpe me produjo un dolor muy **intenso**.

¿Qué sentimientos pueden ser intensos?

recuerdo

Un **recuerdo** distrajo a Tom cuando tocaba su violín.

¿Tienes algún recuerdo divertido?

vencido

Luisa no se dio por **vencida** hasta el final del partido.

¿Qué palabra significa lo opuesto de vencido?

Tu turno

COLABORA

Elige tres palabras y escribe tres preguntas para tu compañero o compañera.

¡Conéctate! *Usa el glosario digital ilustrado.*

César Chávez

Margaret Lindmark

¿? Pregunta esencial

¿Quiénes nos inspiran?

Lee sobre un hombre que se esforzó por mejorar la vida de otras personas.

¿Quiénes son tus **héroes**? Para muchos campesinos, César Chávez es un héroe. Fue un hombre valiente que dedicó su vida a ayudarlos.

Infancia

César Chávez nació en Arizona. Sus padres le enseñaron la importancia de **estudiar,** trabajar y respetar a los demás.

De niño, César trabajó en la granja de su familia. Allí cuidaba de los animales. Su madre y su abuela le enseñaron a ser generoso. Muchas personas se acercaban a su casa para pedir comida. En este hogar bondadoso siempre recibían ayuda.

César sentía gran interés por la educación. Pero, a veces, sus **intensas** ganas de estudiar no eran suficientes. Su lengua materna era el español, pero descubrió que necesitaba aprender inglés. En la escuela no le permitían hablar en español.

Su madre le enseñó a buscar soluciones pacíficas para los problemas. Estos **recuerdos** le sirvieron para lograr, con **honor,** muchas cosas en la vida. César derribaría **barreras** sin usar la violencia.

Tiempos difíciles

Cuando César tenía diez años, hubo una larga temporada sin lluvias. Por la **sequía**, se murieron muchas plantas. Sin cosecha para vender, la familia de César no pudo conservar la granja.

No se dieron por **vencidos** y se mudaron a California. Iban de granja en granja y trabajaban en los cultivos.

César y su familia pronto descubrieron que la vida de los campesinos migrantes era muy difícil. La labor era muy pesada; debían trabajar muchas horas por poco dinero. Los campesinos pasaban todo el día agachados cuidando los cultivos. Ese trabajo les hacía doler la espalda y sangrar los dedos. Si se quejaban, los dueños de las granjas los despedían.

Línea cronológica de la vida de César Chávez

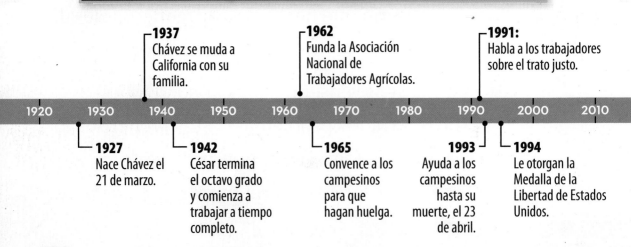

1937
Chávez se muda a California con su familia.

1962
Funda la Asociación Nacional de Trabajadores Agrícolas.

1991:
Habla a los trabajadores sobre el trato justo.

1920　1930　1940　1950　1960　1970　1980　1990　2000　2010

1927
Nace Chávez el 21 de marzo.

1942
César termina el octavo grado y comienza a trabajar a tiempo completo.

1965
Convence a los campesinos para que hagan huelga.

1993
Ayuda a los campesinos hasta su muerte, el 23 de abril.

1994
Le otorgan la Medalla de la Libertad de Estados Unidos.

Siede Preis/Getty Images

Cambiar vidas

César sabía que los campesinos migrantes no recibían un trato justo y decidió hacer algo por ellos. Entonces les contó que tenía un plan.

Era la época de la cosecha de uvas. César les dijo a sus compañeros que dejaran de trabajar. Esto se llama huelga. Las uvas comenzaron a pudrirse. Sin frutas para vender, los dueños de las granjas perdían dinero. Al final, hablaron con César. **Acordaron** una mejor paga. Así, los trabajadores volvieron a recoger la cosecha.

César Chávez trabajó el resto de su vida para mejorar la vida de los campesinos. Por eso se convirtió en héroe.

Margaret Lindmark

¿❓ Haz conexiones

¿Qué acciones de César Chávez nos inspiran? **PREGUNTA ESENCIAL**

¿Alguna vez intentaste ayudar a otras personas? **EL TEXTO Y TÚ**

Resumir

Resumir es usar tus propias palabras para contar los sucesos más importantes de una selección. Esto puede ayudarte a recordar la información nueva.

 Busca evidencias en el texto

Después de leer la página 365 de "César Chávez", puedo resumir lo que ocurre en la sección "Cambiar vidas".

página 365

Cambiar vidas

César sabía que los campesinos migrantes no recibían un trato justo y decidió hacer algo por ellos. Entonces les contó que tenía un plan.

Era la época de la cosecha de uvas. César les dijo a sus compañeros que dejaran de trabajar. Esto se llama huelga. Las uvas comenzaron a pudrirse. Sin frutas para vender, los dueños de las granjas perdían dinero. Al final, hablaron con César. **Acordaron** una mejor paga. Así, los trabajadores volvieron a recoger la cosecha.

Leo que César habló con otros campesinos e hicieron una huelga. Cuando los dueños les prometieron una mejor paga, la huelga terminó.

COLABORA

Tu turno

Resume la sección "Infancia". Recuerda contar los sucesos importantes con tus propias palabras.

Secuencia

La secuencia indica el orden de las ideas en una selección. Podemos usar las palabras *primero, luego, después* y *por último* para señalar en qué orden ocurren las cosas.

 Busca evidencias en el texto

Mientras leo "César Chávez", pienso en cómo están organizadas las ideas y la información. Veo que indican la secuencia de los sucesos en la vida de César.

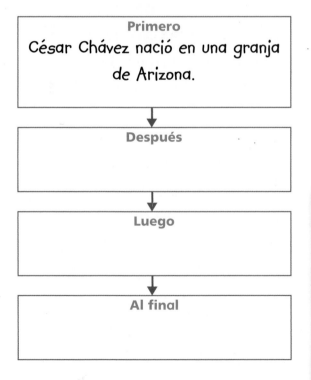

Tu turno

Vuelve a leer "César Chávez". Completa el organizador gráfico para identificar la secuencia.

¡Conéctate!
Usa el organizador gráfico interactivo.

367

Biografía

"César Chávez" es una biografía. La **biografía**
- es la historia real de la vida de una persona.
- está escrita por otra persona.

Busca evidencias en el texto

Puedo darme cuenta de que "César Chávez" es una biografía porque cuenta su vida. También hay una línea cronológica de la vida de Chávez.

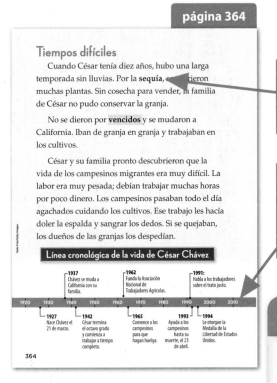

página 364

Tiempos difíciles

Cuando César tenía diez años, hubo una larga temporada sin lluvias. Por la **sequía**, murieron muchas plantas. Sin cosecha para vender, la familia de César no pudo conservar la granja.

No se dieron por **vencidos** y se mudaron a California. Iban de granja en granja y trabajaban en los cultivos.

César y su familia pronto descubrieron que la vida de los campesinos migrantes era muy difícil. La labor era muy pesada; debían trabajar muchas horas por poco dinero. Los campesinos pasaban todo el día agachados cuidando los cultivos. Ese trabajo les hacía doler la espalda y sangrar los dedos. Si se quejaban, los dueños de las granjas los despedían.

Línea cronológica de la vida de César Chávez

1937 Chávez se muda a California con su familia.
1962 Funda la Asociación Nacional de Trabajadores Agrícolas.
1991: Habla a los trabajadores sobre el trato justo.

1920 1930 1940 1950 1960 1970 1980 1990 2000 2010

1927 Nace Chávez el 21 de marzo.
1942 César termina el octavo grado y comienza a trabajar a tiempo completo.
1965 Convence a los campesinos para que hagan huelga.
1993 Ayuda a los campesinos hasta su muerte, el 23 de abril.
1994 Le otorgan la Medalla de la Libertad de Estados Unidos.

364

Características del texto

- Las **palabras en negrilla** son importantes para comprender el tema.

- Una **línea cronológica** muestra las fechas de sucesos importantes en el orden en que ocurrieron.

COLABORA

Tu turno

Vuelve a leer la línea cronológica. ¿Qué sucedió en la vida de César Chávez?

Sinónimos

Los sinónimos son palabras que tienen casi el mismo significado. *Aprender* y *estudiar* son sinónimos. Un sinónimo puede ser una pista para descubrir el significado de otra palabra.

Busca evidencias en el texto

En la página 363 de "César Chávez", leí la palabra generoso. *En la última oración del mismo párrafo, leí la palabra* bondadoso. Generoso y bondadoso *son sinónimos.*

> Su madre y su abuela le enseñaron a ser generoso. Muchas personas se acercaban a su casa para pedir comida. En este hogar bondadoso siempre recibían ayuda.

Tu turno

COLABORA

Busca un sinónimo para estas palabras.

difícil, *página 364*

hablaron, *página 365*

Margaret Lindmark

De lectores...

Cuando los escritores cuentan hechos de la vida de una persona, presentan los sucesos más importantes en orden o en una secuencia. Vuelve a leer este pasaje de "César Chávez".

Organización

¿Cómo usa el autor la **secuencia** para organizar el texto?

Ejemplo modelo

Era la época de la cosecha de uvas. César les dijo a sus compañeros que dejaran de trabajar. Esto se llama huelga. Las uvas comenzaron a pudrirse. Sin frutas para vender, los dueños de las granjas perdían dinero. Al final, hablaron con César. Le prometieron una mejor paga. Entonces los trabajadores volvieron a recoger la cosecha.

Margaret Lindmar

a escritores

Marcas de corrección

/ minúscula

∧ insertar

⸜ eliminar

¶ párrafo nuevo

Julio escribió una biografía. Lee sus correcciones.

Manual de gramática

Página 472

El pronombre posesivo

Ejemplo del estudiante

La tía Ángela

Mi.⸜ tía Ángela siempre ayudó a los demás. Primero, cuando tenía diez años, puso un puesto de limonada. Donaba el dinero a *su* escuela. Ella decía que no era suyo. ¶ ^Ahora^ Trabaja como voluntaria en el hospital. Siempre estás/ haciendo cosas por los demás. Yo la admiro.

Tu turno

COLABORA

- ☑ Identifica palabras de secuencia.
- ☑ Identifica un pronombre posesivo.
- ☑ Explica cómo mejoró el texto con las correcciones.

¡Conéctate!
Escribe en el rincón del escritor.

¿Pregunta esencial

¿Cómo podemos proteger la Tierra?

¡Conéctate!

© Yi Lu/Corbis

Proteger la Tierra

La Tierra tiene muchos recursos, como el agua, el aire y el suelo. Estos niños protegen la Tierra de la contaminación. Aquí tienes otras formas de proteger la Tierra.

▶ Cuida el agua. Cierra el grifo mientras te cepillas los dientes.

▶ No contamines el aire. Pide a tus padres que apaguen el motor del carro mientras esperan a alguien.

Coméntalo

Comenta cómo proteger los recursos de la Tierra. Escribe tus ideas en la red.

Preservar el planeta

Vocabulario

Mira las fotos y lee las oraciones para comentar cada palabra con un compañero o una compañera.

boquiabierto

El barquito pasó tan rápido que nos dejó a todos **boquiabiertos**.

¿Alguna vez te quedaste boquiabierto por algo?

curioso

Soy muy **curioso** y quiero saber qué hay en el paquete.

¿Eres un niño curioso?

deshacerse

Esas rosas **se deshacían** cuando las tocaban.

¿Qué palabra significa lo opuesto que deshacer?

enorme

El ave es muy pequeña comparada con el **enorme** rinoceronte.

¿Qué palabra significa lo mismo que enorme?

preservar

Debemos **preservar** los recursos de la Tierra.

¿Se puede preservar la pureza del agua de los ríos?

provisión

El maestro tiene una **provisión** de lápices de colores.

¿Qué otras provisiones hay en la clase?

suavemente

Las niñas acarician **suavemente** al cachorro.

¿A qué mascota te gusta acariciar suavemente?

tamaño

Tomás eligió la manzana de menor **tamaño**.

¿Cómo puedes medir el tamaño de un cuaderno?

Tu turno

COLABORA

Elige tres palabras y escribe tres preguntas para tu compañero o compañera

¡Conéctate! **Usa el glosario digital ilustrado.**

El proyecto de arte

Concurso
de Arte

¿? Pregunta esencial

¿Cómo podemos proteger la Tierra?

Lee sobre formas de cuidar los recursos de la Tierra.

Kristen Sorra

—¡Hola! El centro comunitario organizó un concurso de arte —dijo Grace leyendo un folleto.

La maestra García lo leyó en voz alta. Todos los niños querían participar. La maestra aclaró: —Nuestra **provisión** de materiales está casi agotada. Le preguntaré a la señorita Rice.

La maestra Rice tampoco tenía materiales.

—No recibiré más provisiones hasta el año que viene —explicó. La clase se desilusionó al ver cómo se **deshacían** sus planes.

—¿Cómo vamos a participar en el concurso si no tenemos materiales? —preguntó Grace.

—Quizá podamos juntar dinero con una feria de tartas —sugirió Hal.

—Me temo que ya no hay tiempo para eso —dijo la maestra García.

Podemos usar los papeles de la caja de reciclado —propuso Pablo, que era muy callado. Todos se quedaron **boquiabiertos,** sorprendidos de que aportara una idea.

—Me intriga lo que has dicho. ¿Por qué quieres usar papel viejo? —preguntó el **curioso** Hal.

—Porque así **preservamos** los recursos de la Tierra —dijo Pablo—. El papel reciclado es un material natural. Así podremos salvar árboles.

—También podemos usar este hilo viejo y estas perchas de alambre —agregó Grace.

Ahora la clase tenía que decidir qué hacer con esos materiales. Pablo tuvo otra idea:

—Podemos armar grullas de papel y colgarlas de un marco para armar un móvil.

La maestra les enseñó a doblar el papel para armar las grullas de distinto **tamaño**.

El día del concurso, el móvil de grullas de papel estaba colgado en el **enorme** salón del centro comunitario. Los niños reconocieron su proyecto desde lejos. El móvil se balanceaba **suavemente** cuando las personas pasaban a su lado. A la distancia, parecía que las grullas de papel volaban lentamente.

Los jueces analizaron todos los proyectos y miraron con especial atención el móvil.

El móvil de grullas de papel ganó el premio al mejor uso creativo de materiales. Los niños recibieron el premio con mucho orgullo, no podían dejar de sonreír.

—¡Hicimos un proyecto de arte y también cuidamos la Tierra! —exclamó Grace.

Haz conexiones

¿Qué hicieron los niños para proteger la Tierra? **PREGUNTA ESENCIAL**

Comenta cómo pueden proteger los recursos de la Tierra en la escuela.
EL TEXTO Y TÚ

Hacer predicciones

Usa lo que ya sabes y lo que lees en el cuento para predecir qué podría suceder a continuación. Luego puedes confirmar o revisar tu predicción.

Busca evidencias en el texto

Leo en la página 377 que en la clase no había materiales de arte. Predije que les pedirían a los niños que los llevaran. Luego seguí leyendo para comprobar mi predicción.

página 378

Me intriga lo que has dicho. —¿Por qué quieres usar papel viejo? —preguntó el **curioso** Hal.

—Porque así **preservamos** los recursos de la Tierra —dijo Pablo—. El papel reciclado es un material natural. Así podremos salvar árboles.

—También podemos usar este hilo viejo y estas perchas de alambre —agregó Grace.

Ahora la clase tenía que decidir qué hacer con

Leo que a los niños se les ocurrió usar materiales reciclados. Este dato me hizo revisar mi predicción.

Tu turno

COLABORA

Vuelve a leer la página 378. ¿Cuál fue tu predicción sobre los materiales de arte? Indica si confirmaste o no tu predicción.

Kristen Sorra

Problema y solución

En la trama de un cuento se suele presentar el problema. La solución es la manera en que los personajes resuelven el problema al final del cuento.

 Busca evidencias en el texto

En la página 377 de "El proyecto de arte", hallo el problema. Los niños desean participar en el concurso de arte pero no tienen materiales suficientes.

Problema

Los niños no tienen materiales para hacer un proyecto de arte.

↓

Pasos para la solución

1 Pablo propone volver a usar el papel de la caja de reciclado.

2

3

↓

Solución

Tu turno COLABORA

Sigue leyendo el cuento. Escribe la solución y dos pasos más para llegar a ella en el organizador gráfico.

¡Conéctate!
Usa el organizador gráfico interactivo.

Ficción

"El proyecto de arte" es un texto de ficción. Un texto de **ficción**

- cuenta una historia sobre personajes y sucesos imaginarios.
- incluye un problema y su solución.
- suele tener diálogos.

 Busca evidencias en el texto

Sé que "El proyecto de arte" es ficción. Cuenta una historia que incluye un problema y una solución. También tiene diálogo.

página 377

—¡Hola! El centro comunitario organizó un concurso de arte —dijo Grace leyendo un folleto.

La maestra García lo leyó en voz alta. Todos los niños querían participar. La maestra aclaró: —Nuestra **provisión** de materiales está casi agotada. Le preguntaré a la señorita Rice.

La maestra Rice tampoco tenía materiales.

—No recibiré más provisiones hasta el año que viene —explicó. La clase se desilusionó al ver cómo se **deshacían** sus planes.

—¿Cómo vamos a participar en el concurso si no tenemos materiales? —preguntó Grace.

—Quizá podamos juntar dinero con una feria de tartas —sugirió Hal.

—Me temo que ya no hay tiempo para eso —dijo la maestra García.

Podemos usar los papeles de la caja de reciclado —propuso Pablo, que era muy callado. Todos se quedaron **boquiabiertos,** sorprendidos de que aportara una idea.

377

Estructura del cuento

Diálogo son las palabras que dicen los personajes. Se indican con rayas de diálogo.

 COLABORA

Tu turno

Busca dos ejemplos que muestren que este es un cuento de ficción.

Homófonos

Los homófonos son palabras que suenan igual, pero tienen diferente ortografía y distinto significado.

 Busca evidencias en el texto

Veo en la página 378 la palabra has. *Sé que* as, *escrito* a-s, *es el naipe con el número uno.* Has, *escrito* h-a-s, *es un verbo. Creo que este segundo significado tiene sentido para la oración.*

—**Me intriga lo que** has **dicho.**

 COLABORA

Tu turno

Escribe los homófonos de estas palabras de "El proyecto de arte" y explica sus significados.

hola, *página 377*

tuvo, *página 378*

383

Kristen Sorra

De lectores...

Los escritores usan palabras de enlace para mostrar cómo se relacionan las ideas. Las ideas pueden mostrar una causa y un efecto. Vuelve a leer este pasaje de "El proyecto de arte".

Selección de palabras

¿Qué **palabra de enlace** usa el autor para mostrar una causa y su efecto?

Ejemplo modelo

La maestra García lo leyó en voz alta. Todos dijeron que querían participar. La maestra aclaró:

—Nuestra provisión de materiales de arte está casi agotada, porque ya es casi fin de año. Le preguntaré a la señorita Rice.

Kristen Sorra

a escritores

Marcas de corrección

(ort.) revisar ortografía

✎ eliminar

∧ insertar

¶ párrafo nuevo

Julia escribió un texto de ficción. Lee las correcciones que hizo Julia.

Manual de gramática

Página 472
Concordancia entre pronombre y verbo

Ejemplo del estudiante

El regalo de mamá

Eva quería hacerle un regalo a su mamá y proteger el medio ambiente. (Desidió) _{ort.} hacerlo ella misma. Buscó una ∧ maceta, pintura, adornos y una planta. Ella pintó la maceta, ^y✎ ∧ plantó un lirio. ¶ Lo mejor fue que preparó el regalo reciclando cosas ^{y que} a su mamá le encantó. ∧

Tu turno COLABORA

- ✔ Identifica una palabra de enlace que haya usado Julia.
- ✔ Identifica un pronombre y un verbo que concuerden.
- ✔ Explica cómo mejoró el texto con las correcciones.

¡Conéctate!
Escribe en el rincón del escritor.

385

¿? Pregunta esencial

¿Por qué son importantes las reglas?

¡Conéctate!

Reglas

Estos niños participan de un viaje escolar. Cumplen las reglas de la escuela. Forman filas y escuchan a su maestro.
¿Por qué tenemos reglas?

▶ Las reglas nos ayudan a estar seguros. Si permanecen juntos, estos niños no se perderán.

Coméntalo

Habla con un compañero o una compañera sobre las reglas de tu casa. Comenta la importancia de estas reglas. Escribe tus ideas en la tabla.

Regla	Por qué es importante

Edward Parker/Alamy

Vocabulario

Mira las fotos y lee las oraciones para comentar cada palabra con un compañero o una compañera.

autor Me regalaron un libro de mi **autor** preferido.

¿Quién es tu autor preferido?

ciudadano Un buen **ciudadano** cuida las cosas que pertenecen a todos.

¿Qué más debe hacer un buen ciudadano?

finalmente El correo **finalmente** llegó a la casa de Liam.

¿Por qué estará feliz Liam de que el correo finalmente haya llegado?

historia Ben aprende la **historia** de su familia.

¿Qué sabes sobre la historia de tu familia?

redactar

Las niñas **redactaron** un cuento de hadas.

¿Qué tipo de historias te gusta redactar?

regla

Debemos cumplir las **reglas** de nuestra escuela.

Nombra una regla de tu escuela.

símbolo

La bandera es un **símbolo** de nuestro país.

¿Conoces otros símbolos?

unido

Si jugamos **unidos** es más fácil ganar.

¿Por qué es importante que estemos unidos?

COLABORA

Tu turno

Elige tres palabras y escribe tres preguntas para tu compañero o compañera.

¡Conéctate! *Usa el diccionario digital ilustrado.*

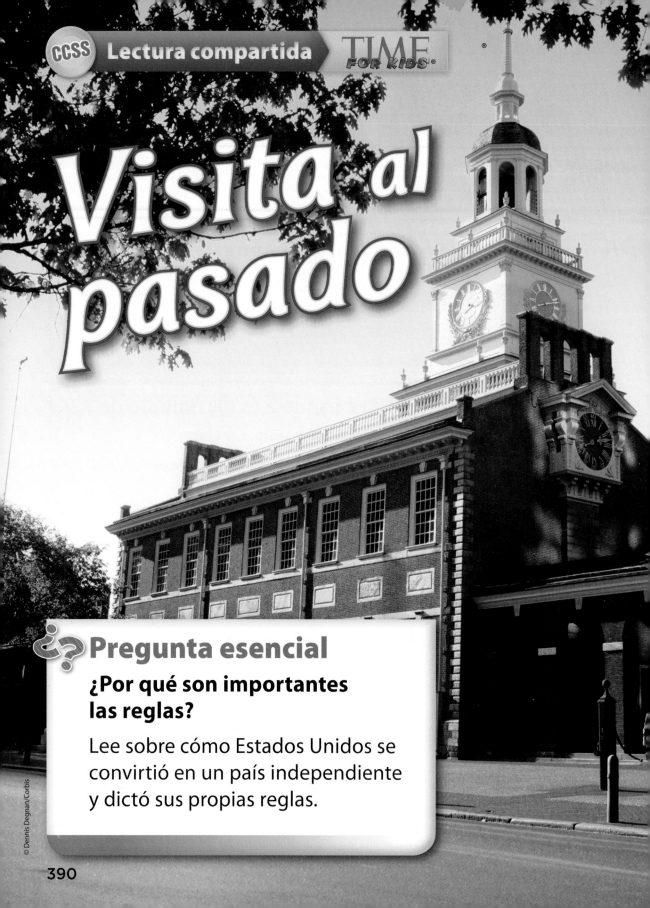

Visita al pasado

Pregunta esencial

¿Por qué son importantes las reglas?

Lee sobre cómo Estados Unidos se convirtió en un país independiente y dictó sus propias reglas.

© Dennis Degnan/Corbis

El Cuatro de Julio, el cielo de Estados Unidos se enciende. ¡Es el Día de la Independencia! En esta fecha se celebra la Declaración de la Independencia.

Los Chang visitan Filadelfia.

Esta declaración se **redactó** en 1776 para decirle al Rey de Inglaterra que las colonias ya no cumplirían sus reglas. Las colonias se habían **unido** para formar un nuevo país.

Janet Chang, de 8 años, hace poco visitó Filadelfia con su familia. Filadelfia fue la primera capital de Estados Unidos. Los Chang fueron allí para aprender más de la **historia**, o el pasado, de su país.

Edificio concurrido

Primero fueron al Salón de la Independencia. "¡Aquí se firmó la Declaración de la Independencia!", exclamó Janet. Estaba emocionada por estar ahí.

MIXA/Getty Images

391

Firma de la Declaración de la Independencia

Diez años después de la Declaración de la Independencia, se escribió la Constitución en el Salón de la Independencia. Los **autores** de la Constitución crearon nuevas **reglas** para el país. Las reglas son importantes. Ayudan a mantener el orden y a dar derechos a los **ciudadanos**. Una regla nueva dice que la gente puede expresar su opinión.

El sonido de la libertad

Después, los Chang visitaron la Campana de la Libertad, un **símbolo** de la independencia. Dicen que esta famosa campana sonó el 8 de julio de 1776. Fue cuando se hizo por primera vez la lectura pública de la Declaración de la Independencia. La campana también repicaba para anunciar sucesos importantes, como la elección del Presidente.

¡Visita Filadelfia!

Lugar famoso	Por qué es interesante
El Centro Nacional de la Constitución	Explica las reglas que se crearon para nuestra nación. Un sector habla del derecho a la libre expresión y el derecho al voto.
Salón de la Independencia	Aquí se escribieron la Declaración de la Independencia y la Constitución. Puedes ver el sillón en el que se sentó George Washington cuando firmó la Constitución.
La casa de Betsy Ross	Se dice que Betsy Ross hizo la primera bandera. Puedes recorrer su casa y ver cómo vivía y trabajaba.

Momentos memorables

Finalmente, Janet y su familia visitaron el Palacio Franklin. Aquí vivió y trabajó Benjamin Franklin. Él fue uno de los autores de la Declaración de la Independencia. Él también ayudó a elaborar la Constitución.

Para recordar su visita, los Chang enviaron una postal desde la oficina de correo de Franklin. "¡Nunca olvidaré este día!", dijo Janet.

Haz conexiones

¿Cuáles son las reglas de nuestro país? ¿Por qué son importantes?
PREGUNTA ESENCIAL

¿En qué se parecen o se diferencian estas reglas y las de tu escuela? **EL TEXTO Y TÚ**

Hacer predicciones

Usa lo que ya sabes de la selección para predecir aquello que vas a aprender. A medida que leas, puedes confirmar o revisar tus predicciones.

 Busca evidencias en el texto

Cuando leí el título "Visita al pasado", predije que la selección trataría de una familia que visita un importante lugar del pasado.

---

página 391

Esta declaración se **redactó** en 1776 para decirle al Rey de Inglaterra que las colonias ya no cumplirían sus reglas. Las colonias se habían **unido** para formar un nuevo país juntas.

Janet Chang, de 8 años, hace poco visitó Filadelfia con su familia. Filadelfia fue la primera capital de Estados Unidos. Los Chang fueron allí para aprender más de la **historia**, o el pasado, de su país.

Leo que la familia Chang visitó Filadelfia para aprender acerca del pasado. Confirmé mi predicción.

Tu turno

Cuando leíste el subtítulo "El sonido de la libertad", ¿qué predicción hiciste? Cuenta si confirmaste tu predicción.

Causa y efecto

Una causa es lo que hace que algo suceda. El efecto es lo que ocurre como consecuencia de ese suceso.

 Busca evidencias en el texto

En la página 391, leo que Janet Chang y su familia van a Filadelfia. Esa es la causa. Voy a leer para averiguar los efectos de su viaje.

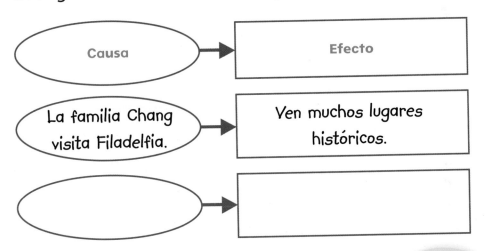

Causa	Efecto
La familia Chang visita Filadelfia.	Ven muchos lugares históricos.

Tu turno

Vuelve a leer la página 392. Completa el organizador gráfico con una causa y un efecto.

¡Conéctate! **Usa el organizador gráfico interactivo**

Texto expositivo

"Visita al pasado" es un texto expositivo.

Un **texto expositivo**
- brinda datos e información sobre un tema.
- puede tener fotos, pies de foto y tablas.

Busca evidencias en el texto

Puedo darme cuenta de que "Visita al pasado" es un texto informativo porque tiene datos sobre lugares reales de Estados Unidos. También hay una tabla que habla de ellos.

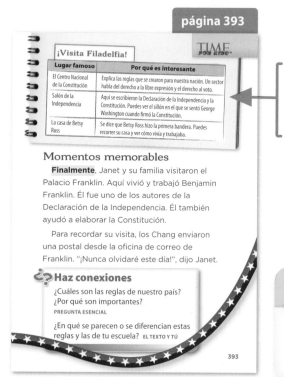

página 393

¡Visita Filadelfia!

Lugar famoso	Por qué es interesante
El Centro Nacional de la Constitución	Explica las reglas que se crearon para nuestra nación. Un sector habla del derecho a la libre expresión y el derecho al voto.
Salón de la Independencia	Aquí se escribieron la Declaración de la Independencia y la Constitución. Puedes ver el sillón en el que se sentó George Washington cuando firmó la Constitución.
La casa de Betsy Ross	Se dice que Betsy Ross hizo la primera bandera. Puedes recorrer su casa y ver cómo vivía y trabajaba.

Momentos memorables

Finalmente, Janet y su familia visitaron el Palacio Franklin. Aquí vivió y trabajó Benjamin Franklin. Él fue uno de los autores de la Declaración de la Independencia. Él también ayudó a elaborar la Constitución.

Para recordar su visita, los Chang enviaron una postal desde la oficina de correo de Franklin. "¡Nunca olvidaré este día!", dijo Janet.

Haz conexiones

¿Cuáles son las reglas de nuestro país? ¿Por qué son importantes?
PREGUNTA ESENCIAL

¿En qué se parecen o se diferencian estas reglas y las de tu escuela? EL TEXTO Y TÚ

393

Características del texto

Una **tabla** es una lista de datos o información que se muestra en filas y columnas.

Tu turno

COLABORA

Explica qué aprendiste observando la tabla.

Significados múltiples

Cuando lees, puedes encontrar palabras que pueden tener más de un significado. Mira las otras palabras de la oración como ayuda para descubrir el significado correcto.

Busca evidencias en el texto

En la página 391 de "Visita al pasado", veo la palabra formar. *Sé que* formar *puede significar "educar". Y también quiere decir "hacer algo". Cuando leo la oración, el significado "hacer algo" tiene sentido. Este es el significado que se está empleando.*

Las colonias se habían unido para
formar un nuevo país.

Tu turno

Busca estas palabras en "Visita al pasado". Escribe el significado correcto, teniendo en cuenta la oración en la que encuentras la palabra.

regla, *página 391*

capital, *página 391*

De lectores...

Al escribir, podemos usar una voz formal o una voz informal. Por ejemplo, si tenemos que escribir un informe, usamos una voz formal. Si vamos a escribir un correo en internet o una carta a un amigo, usamos una voz informal.

Ejemplo modelo

Voz

Identifica la voz **formal** o **informal** en este párrafo. ¿Por qué el autor eligió esta voz?

El Cuatro de Julio, el cielo de Estados Unidos se enciende. ¡Es el Día de la Independencia! En esta fecha se celebra la Declaración de la Independencia.

Esta declaración se redactó en 1776 para decirle al Rey de Inglaterra que las colonias ya no cumplirían sus reglas. Las colonias se habían unido para formar un nuevo país juntas.

Tetra Images/Alamy

a escritores

Marcas de corrección

∧ insertar

ℒ eliminar

¶ nuevo párrafo

Manual de gramática

Página 472

Contracciones

Caleb escribió un diálogo. Lee las correcciones que hizo.

Ejemplo del estudiante

Reglas del hogar

En casa cumplimos reglas.

Hacemos

Hace los deberes antes de ver

televisión y vamos a la cama

temprano —dijo Martín

al   ¶

a el abuelo. Todos debemos

cumplir reglas. ¡Cumplir las

reglas hace que la casa marche

sobre ruedas contestó su abuelo.

Tu turno

COLABORA

- ☑ Identifica la voz que usó Caleb.
- ☑ Identifica la corrección de la contracción *al*.
- ☑ Explica cómo mejoró el texto con las correcciones.

¡Conéctate!
Escribe en el rincón del escritor.

¿Cómo es?

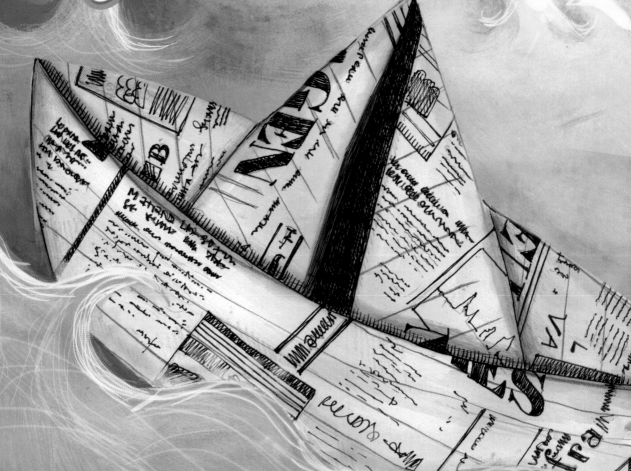

¡Buen viaje!

Con la mitad de un periódico
hice un buque de papel,
y en la fuente de mi casa
va navegando muy bien.

Mi hermana con su abanico
sopla que sopla sobre él.
¡Muy buen viaje, muy buen viaje,
buquecito de papel!

Amado Nervo

La gran idea

¿Qué hace que el mundo siga andando?

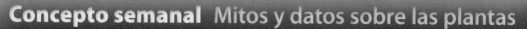

 Pregunta esencial

¿Qué nos enseñan los mitos sobre las plantas?

 ¡Conéctate!

Doug Chinnery/Flickr/Getty Images

402

Mitos
sobre
plantas

¿Sabías que hay personas que creen que tener una campanilla dentro de una casa puede traer mala suerte? Algunos mitos fueron creados para explicar el origen y el desarrollo de las plantas. Aquí tienes mitos sobre plantas.

► Si hallas un trébol de cuatro hojas, tendrás suerte.

► Cuando se seca un diente de león, puedes soplar su penacho marchito y pedir un deseo.

Coméntalo

Comenta con un compañero o compañera mitos sobre plantas. Escribe tus ideas en la red.

Nuestros mitos sobre plantas

Vocabulario

Mira las fotos y lee las oraciones para comentar cada palabra con un compañero o una compañera.

brillar

La luz de la linterna **brillaba** en la oscuridad.

Nombra otras cosas que brillen.

convertirse

El renacuajo **se convertirá** en una rana.

¿En qué se convierte la madera si la quemas?

cultivo

Al lado de la ruta había **cultivos** de maíz y trigo.

Menciona otros cultivos que conozcas.

desarrollar

En primavera se **desarrollan** las hojas de los árboles.

¿Qué otras cosas se desarrollan?

dorado El sol brillaba en el cielo como un globo **dorado**.

Nombra cosas que sean doradas.

etapa La vida de la mariposa tiene tres **etapas**.

¿Qué etapas hay en la vida de una planta?

sinuoso El cartel indica que adelante hay un camino **sinuoso**.

¿Conoces algún camino sinuoso?

susurrar Pedro le **susurró** a su amiga una pregunta.

¿Qué palabra significa lo opuesto a susurrar?

COLABORA

Tu turno

Elige tres palabras y escribe tres preguntas para tu compañero o compañera.

¡Conéctate! *Usa el glosario digital ilustrado.*

La flor del ceibo

? **Pregunta esencial**

¿Qué nos enseñan los mitos sobre las plantas?

Lee este mito guaraní sobre el origen de la flor del ceibo.

Anahí vivía en la selva guaraní junto a su gente. Era una joven hermosa y delicada. Cuando Anahí cantaba, el sol parecía **brillar** más.

El viento **susurraba** para que la voz de Anahí fuera más clara. La gente de su pueblo la admiraba y la invitaba a cantar mientras cuidaban sus **cultivos**.

Anahí y su gente llevaban una vida pacífica, sin discusiones ni guerras. Así **desarrollaban** su cultura y su trabajo. Pero un día llegó un grupo de desconocidos, un grupo de personas extrañas a quienes nunca habían visto antes.

Los desconocidos avanzaban por el río **sinuoso** y no parecían querer ser amigos. A partir de ese momento, la vida de Anahí y de su gente comenzaba una nueva, triste **etapa**. Los desconocidos los estaban invadiendo.

407

Los nativos estaban asustados. No estaban preparados para la guerra. Y como eran pacíficos, no enfrentaron a los invasores. Esperaban que pronto volviera la paz a sus vidas.

Pero los invasores no se detuvieron y los apresaron. Desde su encierro, Anahí cantaba con una voz cada vez más bella y potente. De ese modo, infundía fuerzas y esperanza a su gente.

Una mañana, sorprendidos, los nativos vieron que los invasores estaban preparando una hoguera, un círculo donde luego encenderían un gran fuego. ¿Por qué los invasores querrían hacer una hoguera?

Pronto lo supieron. Los invasores eran muy crueles y querían quemar allí a los nativos. La primera elegida fue Anahí. Ya no soportaban ese dulce canto que alegraba y serenaba a todos.

Pero Anahí no dejó de cantar en ningún momento. Los invasores la colocaron entre las llamas, pero el fuego se fue volviendo **dorado** y lleno de vida.

Pablo De Bella

Lentamente, el canto de Anahí fue ganando fuerza y trajo la paz a los nativos. Las llamas, en lugar de convertirse en un infierno, **convirtieron** a la joven muchacha en un hermoso ramo de flores rojas, puras y simples como el agua o el aire. Era la flor del ceibo.

Los invasores huyeron asustados y nunca más regresaron. El pueblo de Anahí volvió a la vida pacífica y feliz de siempre. Ahora, la flor del ceibo los protegía de todo mal.

Hoy, la flor del ceibo es un símbolo de la valentía, la paz y la belleza que vencen a la crueldad.

Haz conexiones

¿Qué nos enseña la historia de la flor del ceibo? PREGUNTA ESENCIAL

¿Qué parte del mito te gustó más? ¿Por qué? EL TEXTO Y TÚ

Volver a leer

Al leer una historia, tal vez no entiendas alguna palabra, una frase o una explicación. Haz una pausa y vuelve a leer esa parte para estar seguro de que comprendiste.

 ## Busca evidencias en el texto

No estoy muy seguro de entender, en la página 408 de "La flor del ceibo", por qué los nativos no enfrentaron a los invasores. Vuelvo a leer para comprenderlo.

> **página 408**
>
> Los nativos estaban asustados. No estaban preparados para la guerra. Y como eran pacíficos, no enfrentaron a los invasores. Esperaban que pronto volviera la paz a sus vidas.
>
> Pero los invasores no se detuvieron y los apresaron. Desde su encierro, Anahí cantaba con una voz cada vez más bella y potente. De ese modo, infundía fuerzas y esperanza a su gente.
>
> Una mañana, sorprendidos, los nativos vieron que los invasores estaban preparando una hoguera, un círculo donde luego encenderían un gran fuego. ¿Por qué los invasores querrían hacer una hoguera?
>
> Pronto lo supieron. Los invasores eran

Leo que los nativos estaban asustados, eran pacíficos y no estaban preparados para la guerra. Ahora entiendo.

Tu turno

 COLABORA

¿Por qué todos admiraban a Anahí? Vuelve a leer la página 407 para responder la pregunta.

Pablo De Bella

Tema

El tema de un cuento es el mensaje principal que el autor quiere contar al lector. Para hallar el tema, piensa en lo que hacen y dicen los personajes.

 Busca evidencias en el texto

En la página 408 de "La flor del ceibo", leo que Anahí, desde su encierro, cantaba con voz bella y potente para dar fuerzas y esperanza a su pueblo. Esta pista me da una idea sobre el tema.

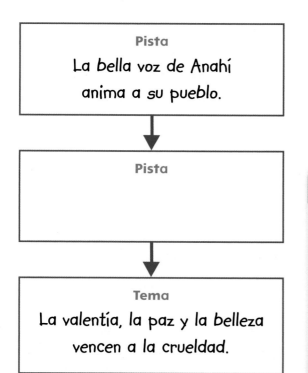

Pista

La bella voz de Anahí anima a su pueblo.

Pista

Tema

La valentía, la paz y la belleza vencen a la crueldad.

COLABORA

Tu turno

Vuelve a leer "La flor del ceibo". Completa el organizador gráfico con pistas que muestren el tema.

¡Conéctate!
Usa el organizador gráfico interactivo.

Mito

"La flor del ceibo" es un mito. El **mito**:

- es una historia inventada.
- explica por qué las cosas son como son.
- tiene una enseñanza o mensaje importante.

Busca evidencias en el texto

Puedo darme cuenta de que "La flor del ceibo" es un mito porque es una historia inventada que explica cómo nació esta flor y tiene una enseñanza.

---

página 409

Lentamente, el canto de Anahí fue ganando fuerza y trajo la paz a los nativos. Las llamas, en lugar de convertirse en un infierno, **convirtieron** a la joven muchacha en un hermoso ramo de flores rojas, puras y simples como el agua o el aire. Era la flor del ceibo.

Los invasores huyeron asustados y nunca más regresaron. El pueblo de Anahí volvió a la vida pacífica y feliz de siempre. Ahora, la flor del ceibo los protegía de todo mal.

Hoy, la flor del ceibo es un símbolo de la valentía, la paz y la belleza que vence a la crueldad.

Enfoque en el género

Un **mito** presenta casi siempre la lección al final. En esta historia la valentía y la belleza son recompensadas. Este es el origen de la flor.

Tu turno

Comenta en pareja sobre la lección que aprendiste en "La flor del ceibo".

Claves de contexto

Para comprender el significado de una palabra que no conoces, mira otras palabras cercanas en la oración para hallar pistas.

 Busca evidencias en el texto

Veo en la página 407 la palabra pacífica *y no estoy seguro de lo que significa. Veo también las palabras "sin discusiones ni guerras". Creo que una vida* pacífica *es una "vida tranquila, en paz, sin discusiones ni guerras".*

Anahí y su gente llevaban una vida pacífica, sin discusiones ni guerras.

Tu turno

Usa las claves de contexto para descubrir el significado de estas palabras de "La flor del ceibo".

desconocidos, página 407

hoguera, página 408

Pablo De Bella

De lectores...

Un escritor debe atraer la atención del lector presentando un principio interesante. Habla sobre los personajes, el ambiente y los problemas que deben enfrentar.

Organización

Identifica detalles importantes sobre los personajes y los sucesos. ¿De qué manera estos detalles ayudan a crear un **principio interesante**?

Ejemplo modelo

Anahí vivía en la selva guaraní junto a su gente. Era una joven hermosa y delicada. Cuando Anahí cantaba, el sol parecía brillar más.

El viento susurraba para que la voz de Anahí fuera más clara. La gente de su pueblo la admiraba y la invitaba a cantar mientras cuidaban sus cultivos.

Anahí y su gente llevaban una vida pacífica, sin discusiones ni guerras. Así desarrollaban su cultura y su trabajo.

Pablo De Bella

a escritores

Mariela, a pedido de su maestra, escribió un cuento sobre una planta. Lee las correcciones que hizo.

Rosa y las espinas

Hace mucho, mucho tiempo,

había una plantita llamada

Su tallo empezó a crecer,

Rosa. vino Conejo y mordió
        ^

su tallo. ¶ –¡No muerdas mi
         ^

tallo! –dijo Rosa. ¶ Esa noche le
                  ^

            afiladas
crecieron diez espinas. ¶ Cuando
              ^   ^

Conejo volvió a morderla, se

                       ⊙
lastimó el hocico Y nunca más
                 ^

la molestó. Rosa creció linda

y alta.

Marcas de corrección

⊙ agregar punto

∧ insertar

¶ nuevo párrafo

Manual de gramática

Página 472
El adjetivo: calificativo y numeral

Tu turno

COLABORA

- ☑ Identifica las oraciones que muestran un principio interesante.
- ☑ Identifica adjetivos calificativos y numerales.
- ☑ Explica cómo mejoró el texto con las correcciones.

¡Conéctate!
Escribe en el rincón del escritor.

415

¿? Pregunta esencial
¿Cómo utilizamos la energía?

¡Conéctate!

Fuentes de energía

Este niño está buscando información sobre la Tierra en su tableta. La tableta necesita energía para funcionar. El niño carga la batería con un cargador eléctrico. La electricidad puede venir de distintas fuentes.

▶ La electricidad puede venir de la energía solar, del viento o de otras fuentes.

Coméntalo

¿Cómo usas la energía en casa? Coméntalo con un compañero o una compañera y luego escribe tus ideas en la red.

Usamos energía

Steve McAlister/Photographer's Choice/Getty Images

Vocabulario

Mira las fotos y lee las oraciones para comentar cada palabra con un compañero o una compañera.

electricidad Las lámparas necesitan **electricidad** para encenderse.

¿Qué cosas necesitan electricidad para funcionar?

energía Cuando usamos las computadoras consumimos **energía**.

¿Qué aparatos de la escuela también consumen energía?

extraer De las canteras se **extraen** grandes rocas.

¿De qué fuentes se puede extraer energía eléctrica?

fluir El agua **fluye** de la llave al fregadero.

¿Qué otras cosas fluyen?

generador

El molino de viento es un **generador** de electricidad.

¿Alguna vez has visto estos generadores?

silencioso

Durante el examen la clase estuvo **silenciosa**.

¿Te gustan los lugares silenciosos?

solar

Este horno **solar** usa la luz del sol para cocinar.

¿Te interesa saber más sobre la energía solar?

subterráneo

Las marmotas construyen hogares **subterráneos**.

¿Conoces otro animal que viva en un hogar subterráneo?

COLABORA

Tu turno

Elige tres palabras y escribe tres preguntas para tu compañero o compañera.

¡Conéctate! *Usa el glosario digital ilustrado.*

Energía sobre ruedas

Andando en bicicleta generas energía.

¿? **Pregunta esencial**

¿Cómo utilizamos la energía?

Lee sobre las formas de producir y usar la energía.

¿Qué es la energía?

La **energía** es la capacidad de hacer un trabajo. La energía **solar** proviene del Sol. Es un tipo **silencioso** de energía, ya que no hace ningún ruido. Hay otros tipos de energía que provienen del viento y del agua.

¿Sabías que las personas también pueden generar energía? Cuando pedaleas en una bicicleta, produces energía. Empujas los pedales con las piernas y tu energía se transfiere a la bicicleta. Este pasaje de energía hace que la bicicleta se mueva.

Ahora, imagina que pedaleas en tu bicicleta para producir la energía que necesita una computadora. ¡Un grupo de estudiantes de una escuela lo hizo! Se subieron a unas bicicletas fijas que estaban conectadas a un **generador** y se pusieron a pedalear. Muy pronto comenzaron a producir **electricidad**, la energía que necesitaban sus computadoras portátiles para funcionar.

Energía generada por bicicletas

Así funciona la energía generada por bicicletas: cuando se pedalea, gira la rueda trasera. Esta rueda hace girar al generador. El generador produce electricidad.

Si el estudiante sigue pedaleando, la electricidad **fluye**, es decir, se mueve, a través del generador. La electricidad se puede usar en ese momento o se almacena en una batería. Los maestros pueden llevar las computadoras portátiles hasta el lugar donde está la batería y conectarlas. Entonces la computadora **extrae** la energía que necesita.

Generador a pedal

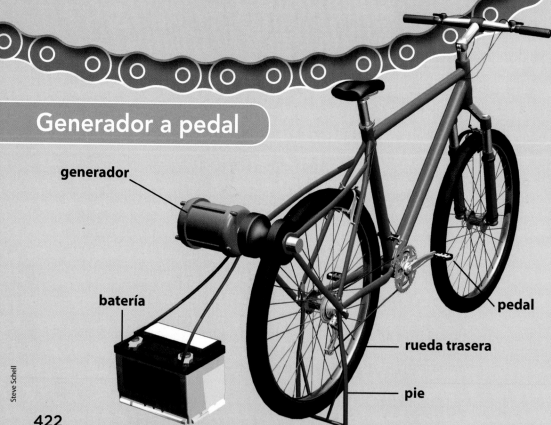

generador

batería

pedal

rueda trasera

pie

Cómo usar la energía de las bicicletas

Las personas hacen ejercicio y producen energía. Mientras pedalean, generan watts. Un watt es una unidad de medida de la energía. Los aparatos pequeños, como los televisores, no usan más de 100 watts por hora. Estos aparatos pueden funcionar con la energía generada por las bicicletas.

Pero este tipo de energía no sirve para un refrigerador. Un electrodoméstico grande usa más de 700 watts por hora. La electricidad que emplean estas máquinas viene de cables aéreos o **subterráneos**.

La energía generada por bicicletas es cada vez más frecuente en las escuelas, los gimnasios y los hogares. ¡Es una forma muy divertida de producir electricidad!

La energía generada a pedal puede usarse para estos aparatos.

Haz conexiones

¿Cómo se puede usar la electricidad que generan las bicicletas?
PREGUNTA ESENCIAL

Cuenta cómo usarías tú la electricidad generada por bicicletas. **EL TEXTO Y TÚ**

(l) Dynamic Graphics Group/PunchStock/Getty Images; (b) Siede Preis/Photodisc/Getty Images

Volver a leer

Cuando lees, es probable que encuentres palabras, datos o explicaciones que no conoces. Puedes detenerte y volver a leer para asegurarte de que las comprendes.

Busca evidencias en el texto

Después de leer la página 422, no entendí cómo se puede generar electricidad con una bicicleta. Volveré a leer esa página.

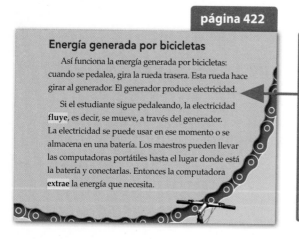

página 422

Energía generada por bicicletas

Así funciona la energía generada por bicicletas: cuando se pedalea, gira la rueda trasera. Esta rueda hace girar al generador. El generador produce electricidad.

Si el estudiante sigue pedaleando, la electricidad **fluye**, es decir, se mueve, a través del generador. La electricidad se puede usar en ese momento o se almacena en una batería. Los maestros pueden llevar las computadoras portátiles hasta el lugar donde está la batería y conectarlas. Entonces la computadora **extrae** la energía que necesita.

Leo que, al pedalear, gira la rueda. Y esta hace girar al generador, que a su vez convierte la energía en electricidad. Ahora lo entiendo.

COLABORA

Tu turno

Vuelve a leer "Cómo usar la energía de las bicicletas" en la página 423. Explica cómo se puede usar la electricidad generada al pedalear.

Propósito del autor

Los autores escriben para responder, explicar o describir. A medida que lees, busca pistas que te indiquen cuál es el propósito del autor.

 Busca evidencias en el texto

Mientras leo la página 421 de "Energía sobre ruedas", busco pistas sobre el propósito del autor y las escribo.

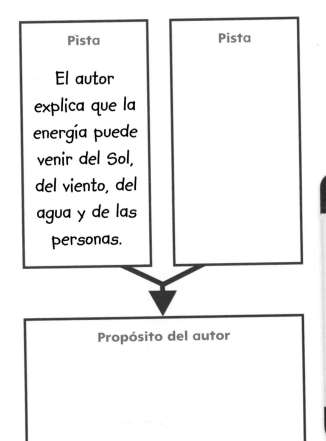

Pista

El autor explica que la energía puede venir del Sol, del viento, del agua y de las personas.

Pista

Propósito del autor

Tu turno COLABORA

Sigue leyendo la selección. Escribe en el organizador gráfico otra pista que te indique el propósito del autor.

¡Conéctate!
Usa el organizador gráfico interactivo.

Texto expositivo

"Energía sobre ruedas" es un texto expositivo.
Un **texto expositivo:**
- presenta datos e información sobre un tema.
- puede incluir subtítulos y diagramas.

 Busca evidencias en el texto

Sé que es un texto expositivo porque presenta información sobre personas que producen energía con bicicletas. También incluye subtítulos y diagramas.

página 422

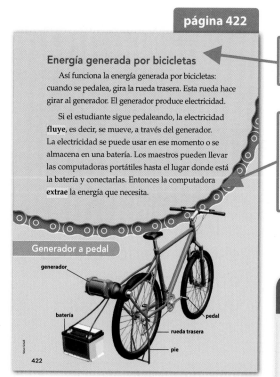

Energía generada por bicicletas

Así funciona la energía generada por bicicletas: cuando se pedalea, gira la rueda trasera. Esta rueda hace girar al generador. El generador produce electricidad.

Si el estudiante sigue pedaleando, la electricidad **fluye**, es decir, se mueve, a través del generador. La electricidad se puede usar en ese momento o se almacena en una batería. Los maestros pueden llevar las computadoras portátiles hasta el lugar donde está la batería y conectarlas. Entonces la computadora **extrae** la energía que necesita.

Generador a pedal

generador

batería

pedal

rueda trasera

pie

422

Características del texto

- Los **subtítulos** indican de qué trata una sección del texto.

- Los **diagramas** muestran cómo funciona algo. Los **rótulos** indican el nombre de las partes o describen acciones.

 COLABORA

Tu turno

Observa el diagrama y los rótulos. Describe la información que allí aparece.

Claves en el párrafo

Puedes usar las claves en el párrafo para descubrir el significado de una palabra que no conoces. Piensa en lo que leíste en el párrafo y usa las palabras que sabes para entender la palabra que no conoces.

 Busca evidencias en el texto

Para descubrir lo que significa la palabra transfiere, *leo las otras oraciones de ese párrafo. Las claves en el párrafo me ayudan a entender que* transfiere *significa "mueve de un lugar a otro".*

Empujas los pedales con las piernas y tu energía se transfiere a la bicicleta. Este pasaje de energía hace que la bicicleta se mueva.

 COLABORA

Tu turno

Vuelve a leer estas páginas y usa las claves en el párrafo para indicar qué significa cada palabra.

almacena, *página 422*

electrodoméstico, *página 423*

De lectores...

Los escritores suelen usar palabras científicas en los textos de no ficción para brindar información sobre un tema. Vuelve a leer el pasaje de "Energía sobre ruedas".

Selección de palabras

Identifica dos palabras científicas. ¿Cómo te ayudan estas **palabras de contenido**?

Ejemplo modelo

Así funciona la energía generada por bicicletas: cuando se pedalea, gira la rueda trasera. Esta rueda hace girar al generador. El generador produce electricidad.

Si el estudiante sigue pedaleando, la electricidad fluye, es decir, se mueve, a través del generador. La electricidad se puede usar en ese momento o se almacena en una batería. Los maestros pueden llevar las computadoras portátiles hasta el lugar donde está la batería y conectarlas.

Steve Schell

428

a escritores

Paul escribió un texto expositivo.
Lee las correcciones que hizo Paul.

Manual de gramática

Página 472
**Concordancia
entre adjetivo y
sustantivo**

Ejemplo del estudiante

el Sol
≡

cuida la

Mi familia ahorra energía de
∧

distintas maneras. Apagamos

las luces de las habitaciones que

no usamos. Leemos o andamos

en bicicleta en lugar de mirar

la (televición) (ort.) mamá leyó el libro
≡

"Paneles solares" e instaló luces

solares para iluminar la entrada.

Así ahorramos electricidad.

Tu turno COLABORA

- ☑ Identifica las
  palabras de
  contenido.
- ☑ Identifica un
  sustantivo y un
  adjetivo que
  concuerden.
- ☑ Comenta cómo
  mejoró el texto con
  las correcciones.

¡Conéctate!
Escribe en el rincón del escritor.

¿? Pregunta esencial

¿Por qué es importante el trabajo en equipo?

¡Conéctate!

Trabajo en equipo

Estos ciclistas forman un equipo para explorar la naturaleza. Participan de una carrera de bicicletas en el parque. Trabajar en equipo los ayuda de muchos modos.

▶ El trabajo en equipo les permite viajar más rápido y más lejos de lo que podrían solos.

▶ El trabajo en equipo los ayuda a mantenerse a salvo. Si alguien se lastima, siempre lo pueden ayudar.

Coméntalo

Piensa en trabajos donde los equipos exploren. Escribe tus ideas en la red.

Vocabulario

Mira las fotos y lee las oraciones para comentar cada palabra con un compañero o una compañera.

buceador

El **buceador** admira el color de los corales.

¿Dónde se sumerge un buceador?

equipo

Con trabajo en **equipo** se gana un partido de béisbol.

¿Cuándo necesitaste trabajar en equipo? ¿Por qué?

exploración

Durante la **exploración** en el bosque estudiamos las plantas.

¿Qué aprenderías en una exploración en la playa?

máquina

Las **máquinas** permiten cocinar con mayor facilidad.

¿Conoces el nombre de algunas máquinas que se usan para cocinar?

nave

La **nave** se acercaba a la costa.

¿Te gustaría pasear en una nave?

preparar

Ben se **prepara** para el juego de béisbol del domingo.

¿Cómo te preparas para un viaje importante?

reparar

El plomero va a **reparar** el caño roto.

¿Necesitas reparar algún objeto?

traje

El **traje** de un astronauta está hecho con materiales especiales.

Describe el traje de un bombero.

Tu turno

COLABORA

Elige tres palabras y escribe tres preguntas para tu compañero o compañera.

(t) Fotosearch/Getty Images; (tc) George Doyle/Stockbyte/Getty Images; (bc) Andrew Howe/Photodisc/Getty Images; (b) NASA

Equipos de buceo

¿? Pregunta esencial

¿Por qué es importante el trabajo en equipo?

Lee sobre unos buzos que trabajan en equipo para explorar.

¿Te gustaría explorar el mundo submarino? Podrías ver cómo viven los animales o buscar barcos hundidos, como Gloria.

Gloria siempre vivió en California, cerca del mar. Aprendió a nadar y surfear desde pequeña. Más tarde, se volvió una **buceadora** experta. Se unió a un equipo de buceo para encontrar barcos hundidos.

En un equipo de buceo, cada tarea es importante. Por ejemplo, deben saber usar las **máquinas** que necesitan. También **reparar**, o arreglar, estos aparatos cuando no funcionan. Gloria es una experimentada fotógrafa, así que fotografía lo que el equipo descubre bajo el agua.

Gloria y su equipo en la búsqueda de un barco hundido

435

El trabajo en **equipo** es importante para un equipo de buceo. Los miembros dependen unos de otros, y se dividen las tareas.

El equipo de Gloria investiga sobre un barco que se hundió hace más de 100 años. Primero hacen un estudio científico. Leen información y estudian un mapa. ¡Están entusiasmados con la **exploración** del barco!

FLORIDA

☆ Tallahassee

○ Tampa

REFERENCIAS
☆ Punto de partida
⚓ Naufragio
▪▪▪ Ruta

Miami ○

El mapa muestra la ruta para que el equipo de Gloria llegue al naufragio.

El capitán, otro miembro del equipo, los lleva en bote al sitio que indica el mapa. Se queda en el bote en un lugar donde pueda comunicarse con los buzos.

Antes de bucear, cada miembro del equipo se **prepara** para su tarea especial. Gloria se pone su **traje** de buceo y su equipo y se asegura de que su cámara esté lista.

Ahora los buzos saltan al agua. A medida que descienden, todo es más oscuro. Uno de ellos prende una linterna. Así pueden ver por dónde van.

Finalmente, ¡un buzo descubre el barco! Usa un micrófono acuático para hablar con el equipo. Gloria saca fotos mientras sus compañeros miden la **nave.** Después de una hora de exploración, el que tiene la linterna los guía de vuelta hacia el bote. Ahora tienen resultados importantes sobre el descubrimiento para compartir. Gloria piensa: "¡Siempre recordaré esta experiencia!"

El equipo de Gloria cree que este barco se hundió cerca de otros, a poca distancia de la costa de Florida.

?? Haz conexiones

¿Por qué es importante trabajar en equipo al explorar naufragios? **PREGUNTA ESENCIAL**

¿Te gustaría formar parte de un equipo de buceo? Explica por qué. **EL TEXTO Y TÚ**

Resumir

Para resumir lo que lees, cuenta con tus propias palabras las partes más importantes de la selección.

Busca evidencias en el texto

Luego de leer la página 435 de "Equipos de buceo", resumo lo que leí con mis propias palabras.

página 435

¿Te gustaría explorar el mundo submarino? Podrías ver cómo viven los animales o buscar barcos hundidos, como Gloria.

Gloria siempre vivió en California, cerca del mar. Aprendió a nadar y surfear desde pequeña. Más tarde, se volvió una **buceadora** experta. Se unió a un equipo de buceo para encontrar barcos hundidos.

En un equipo de buceo, cada tarea es importante. Por ejemplo, deben saber usar las **máquinas** que necesitan. También **reparar**, o arreglar, estos aparatos cuando no funcionan. Gloria es una experimentada fotógrafa, así que fotografía lo que el equipo descubre bajo el agua.

Gloria y su equipo en la búsqueda de un barco hundido.

Leo que hay tareas importantes para realizar en los equipos de buceo y que Gloria eligió ser una fotógrafa subacuática. Puedo decir que Gloria tiene una tarea importante.

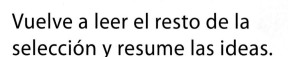

COLABORA

Tu turno

Vuelve a leer el resto de la selección y resume las ideas.

Idea principal y detalles clave

La idea principal nos dice de qué trata el texto. Los detalles clave agregan información y apoyan la idea principal.

 Busca evidencias en el texto

Leo la página 435 de "Equipos de buceo" y aprendo que hay muchas tareas. Este detalle me ayudará a encontrar la idea principal.

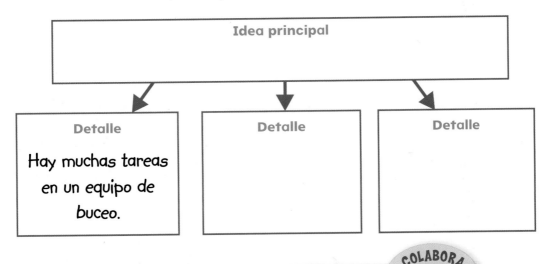

Idea principal

Detalle	Detalle	Detalle
Hay muchas tareas en un equipo de buceo.		

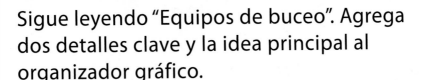

Tu turno

Sigue leyendo "Equipos de buceo". Agrega dos detalles clave y la idea principal al organizador gráfico.

¡Conéctate! *Usa el organizador gráfico interactivo.*

439

Texto expositivo

"Equipos de buceo" es un texto expositivo.

El **texto expositivo:**
- brinda datos e información sobre un tema.
- puede tener fotos, pies de foto y mapas.

 Busca evidencias en el texto

Sé que "Equipos de buceo" es un texto expositivo. Da información sobre equipos subacuáticos. Las características del texto me ayudan a aprender cómo se hallan y exploran los barcos hundidos.

página 436

El trabajo en **equipo** es importante para un equipo de buceo. Los miembros dependen unos de otros, y se dividen las tareas.

El equipo de Gloria investiga sobre un barco que se hundió hace más de 100 años. Primero hacen un estudio científico. Leen información y estudian un mapa. ¡Están entusiasmados con la **exploración** del barco!

El capitán, otro miembro del equipo, los lleva en bote al sitio que indica el mapa. Se queda en el bote en un lugar donde pueda comunicarse con los buzos.

Antes de bucear, cada miembro del equipo se **prepara** para su tarea especial. Gloria se pone su **traje** de buceo y su equipo y se asegura de que su cámara esté lista.

FLORIDA · Tallahassee · Tampa · Miami

REFERENCIAS
★ Punto de partida
⚓ Naufragio
• • Ruta

El mapa muestra la ruta para que el equipo de Gloria llegue al naufragio.

436

Características del texto

- El **mapa** es una imagen plana de una parte de la Tierra.

- Las **referencias** dicen qué significan los símbolos en el mapa.

 COLABORA

Tu turno

Comenta lo que aprendiste del mapa y sus referencias en "Equipos de buceo".

Raíces griegas y latinas

Las raíces de las palabras te ayudan a entender el significado de palabras nuevas o desconocidas. Muchas de estas raíces vienen del idioma griego o del latín.

 Busca evidencias en el texto

Veo la palabra dividir. No estoy seguro de lo que esa palabra significa. Sé que divid- *es una raíz latina que significa "separar". Dividir debe significar "separar algo en partes". Eso tiene sentido.*

> **Los miembros dependen unos de otros, y se dividen las tareas.**

 **Tu turno**

Usa el significado de las raíces griegas y latinas para descubrir el significado de estas palabras de "Equipos de buceo":

estudiar, *página 436*
acuático, *página 437*

De lectores...

Los escritores eligen detalles que apoyan y explican las ideas de una selección. Vuelve a leer esta parte de "Equipos de buceo".

Ideas

¿Qué **detalles de apoyo** explican la idea de que los miembros del equipo dependen unos de otros?

Ejemplo modelo

Ahora los buzos saltan al agua. A medida que descienden, todo es más oscuro. Uno de ellos prende una linterna. Así pueden ver por dónde van.

Finalmente, ¡un buzo descubre el barco! Usa un micrófono acuático para hablar con el equipo. Gloria saca fotos mientras sus compañeros miden la nave.

a escritores

Marcas de corrección

⊙ agregar punto

∧ insertar

⟋ eliminar

Manual de gramática

Página 472

El adjetivo: posesivo y demostrativo

Luis escribió una carta. Lee las correcciones que hizo Luis.

Ejemplo del estudiante

Hola James :
∧

Antes de explorar necesitábamos un plan.
∧Estamos organizando el

campamento del viernes ⊙
∧

trabajar
Hemos decidido ∧ en equipo.

Paul ya consiguió una carpa.

Entre Lin y yo llevaremos tu

mochila nue⟋va. ¡Por tu pie

enyesado, iremos despacio!

Tu amigo ,
∧

Luis

Tu turno

COLABORA

- ☑ Identifica los detalles de apoyo que usó Luis.
- ☑ Identifica un adjetivo posesivo.
- ☑ Explica cómo mejoró el texto con las correcciones.

¡Conéctate!
Escribe en el rincón del escritor.

¿? Pregunta esencial

¿Cómo usamos el dinero?

¡Conéctate!

DINERO

Usamos el dinero de muchas maneras. Por ejemplo, para comprar cosas y servicios. Esta niña usa su dinero para comprar un libro.

► Usamos el dinero para comprar otras mercancías, como comida y ropa.

► También usamos el dinero para obtener servicios, como el de las niñeras.

Coméntalo

Comenta en pareja las mercancías y servicios en los que gasta dinero tu familia. Haz una lista en la tabla.

Mercancías	Servicios

Vocabulario

Mira las fotos y lee las oraciones para comentar cada palabra con un compañero o una compañera.

comprar

Sam va a **comprar** dulces a la tienda.

¿Qué puedes comprar en un supermercado?

inventar

Thomas Edison **inventó** la bombilla eléctrica.

¿Te animas a inventar un juego?

plata

Con **plata** puedes comprar las cosas que te gustan.

¿Qué cosas puedes comprar con plata?

precio

Claudia miró los **precios** de las zapatillas en la tienda.

¿Conoces los precios de algunos alimentos o juguetes?

registro

Nuestro entrenador lleva el **registro** de nuestras posiciones.

¿De qué cosas puedes llevar un registro?

sistema

La profesora tiene un **sistema** para organizar los materiales escolares.

¿Tienes algún sistema para hacer algo?

valer

Este televisor **vale** mucho dinero.

¿Qué cosas valen poco dinero?

valorar

Mis padres me enseñan a **valorar** el ahorro.

¿Puedes valorar otras cosas?

Tu turno

COLABORA

Elige tres palabras y escribe tres preguntas para tu compañero o compañera.

¡Conéctate! **Usa el glosario digital ilustrado.**

La vida de un billete de un dólar

¿? Pregunta esencial

¿Cómo usamos el dinero?

Lee acerca de cómo circula un billete de un dólar.

Impresión del billete

Un día, se imprime un billete de un dólar en la Oficina de Grabado e Impresión de los Estados Unidos. El billete se imprime en una máquina que se **inventó**, o se creó, para ahorrar tiempo. Imprime muchos billetes al mismo tiempo.

La Oficina de Grabado e Impresión de los Estados Unidos imprime millones de billetes de un dólar todos los días.

Vamos a seguir la ruta del billete. Se envía a un banco grande y luego a un banco local. En este banco de barrio, una familia va a sacar **plata**. Le dan el billete a un niño como mesada.

El niño lleva el billete a la librería. Mira **precios** para saber cuánto cuestan los libros. Luego decide qué **comprar**. Encuentra un libro, ¿pero **vale** ese dinero? No está seguro. El niño piensa en el precio. Luego de **valorar** la compra, decide que el precio es adecuado, así que entrega su dinero a cambio del libro.

(t) Joe Raedle/Getty Images News/Getty Images; (b) Kevin Zimmer

El billete viaja

Luego, una niña compra un colgante de plata. Recibe el billete como vuelto. Lo lleva a su casa y lo guarda en su alcancía.

Cuando la niña quiere ver una película, saca el dinero de su alcancía, incluso el billete que antes guardó. Lo usa para pagar la entrada. Y el billete continúa su viaje.

Pasan casi dos años y ahora un hombre recibe el billete. Está rasgado y gastado. El hombre no sabe si el billete se puede usar. ¿Qué sucede con el billete gastado? El hombre lo lleva al banco más cercano y lo cambia por uno nuevo.

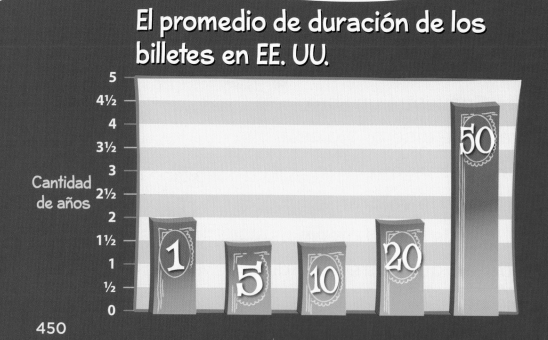

El promedio de duración de los billetes en EE. UU.

Reemplazo del billete

El billete viejo vuelve al banco grande donde los trabajadores deciden que no se puede volver a usar. Lo destruyen en una máquina trituradora que lo corta en pedacitos pequeños.

Una máquina tritura más de 6 millones de billetes gastados por año.

En la Oficina de Grabado e Impresión de los Estados Unidos, se imprime un billete nuevo para reemplazar al viejo. Los trabajadores llevan **registro** de los billetes que se imprimen y se destruyen. Buscan que haya suficientes billetes en el **sistema** para que se pueda comprar y vender.

Cuando veas un billete de un dólar, piensa en dónde ha estado y hacia dónde va. Cada billete tiene una vida útil y agitada.

¿¿? Haz conexiones

¿Cuál es la importancia del billete de un dólar? **PREGUNTA ESENCIAL**

¿Qué puedes hacer con un billete de un dólar? **EL TEXTO Y TÚ**

(t) Martin Poole/Photographer's Choice/Getty Images; (b) Kevin Zimmer

Resumir

Resumes lo que lees cuando usas tus propias palabras para contar los detalles más importantes. Esto te ayuda a recordar lo que leíste.

Busca evidencias en el texto

Después de leer la página 449 de "La vida de un billete de un dólar", voy a resumir lo que leí para asegurarme de haberlo entendido.

---

página 449

Vamos a seguir la ruta del billete. Se envía a un banco grande y luego a un banco local. En este banco de barrio, una familia va a sacar **plata**. Le dan el billete a un niño como mesada.

El niño lleva el billete a la librería. Mira **precios** para saber cuánto cuestan los libros. Luego decide qué comprar. Encuentra un libro, ¿pero **vale** ese dinero? No está seguro. El niño piensa en el precio. Luego de **valorar** la compra, decide que el precio es adecuado, así que entrega su dinero

Leo que el billete de un dólar se imprime y primero se envía a un banco grande y, después, a un banco local. Luego un niño recibe el billete y lo gasta.

Tu turno

Vuelve a leer las páginas 450 y 451. Resume con tus propias palabras lo que leíste.

Problema y solución

A veces, la información en un texto informativo es presentada como un problema. La solución es cómo se resuelve el problema.

 Busca evidencias en el texto

Cuando empiezo a leer la página 450 de "La vida de un billete de un dólar," me encuentro con un problema: ¿qué sucede cuando el billete se rasga y se gasta? Continúo leyendo para encontrar la solución.

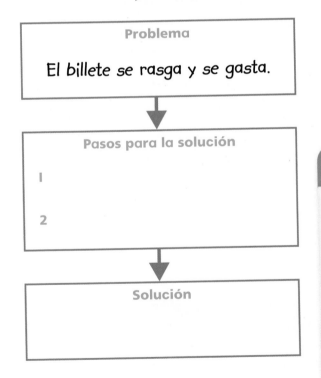

Problema

El billete se rasga y se gasta.

Pasos para la solución

1

2

Solución

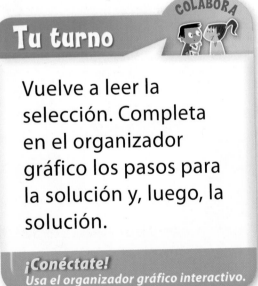

Tu turno COLABORA

Vuelve a leer la selección. Completa en el organizador gráfico los pasos para la solución y, luego, la solución.

¡Conéctate!
Usa el organizador gráfico interactivo.

Texto expositivo

"La vida de un billete de un dólar" es un texto expositivo.

Un texto expositivo:

- presenta datos e información sobre un tema.
- puede incluir subtítulos y gráficos.

Busca evidencias en el texto

Puedo darme cuenta de que es un texto expositivo. Da información sobre el dinero. La estructura del texto me ayuda a conocer más sobre los billetes de dólares.

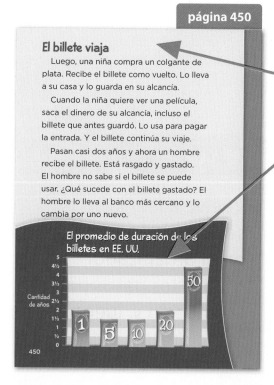

página 450

El billete viaja

Luego, una niña compra un colgante de plata. Recibe el billete como vuelto. Lo lleva a su casa y lo guarda en su alcancía.

Cuando la niña quiere ver una película, saca el dinero de su alcancía, incluso el billete que antes guardó. Lo usa para pagar la entrada. Y el billete continúa su viaje.

Pasan casi dos años y ahora un hombre recibe el billete. Está rasgado y gastado. El hombre no sabe si el billete se puede usar. ¿Qué sucede con el billete gastado? El hombre lo lleva al banco más cercano y lo cambia por uno nuevo.

El promedio de duración de los billetes en EE. UU.

Cantidad de años

Estructura del texto

- Los **subtítulos** dicen de qué trata la sección de un texto.

- Un **gráfico** compara la información usando números.

Tu turno COLABORA

Observa el gráfico. ¿Qué información obtuviste?

454

Claves en el párrafo

Puedes usar las claves en el párrafo para descubrir el significado de una palabra nueva. Busca las palabras que conoces en las oraciones del párrafo para entender esa palabra.

 Busca evidencias en el texto

No estoy seguro del significado de la palabra trituradora. En la primera oración los trabajadores deciden que el billete no se puede usar más. La última oración explica que la máquina corta algo en pedazos pequeños.

El billete viejo vuelve al banco grande donde los trabajadores deciden que no se puede volver a usar. Lo destruyen en una máquina trituradora que lo corta en pedacitos pequeños.

 Tu turno

Vuelve a leer y explica qué significan estas palabras. Usa las claves en el párrafo.

local, *página 449*

rasgado, *página 450*

 # De lectores...

Un escritor muchas veces incluye un buen final en su texto. Este final puede contar la idea principal y deja al lector con algo en qué pensar. Vuelve a leer esta parte de "La vida de un billete de un dólar".

Ejemplo modelo

Organización

Identifica el **buen final** en el texto. ¿Cómo ayudó a organizarlo?

Los trabajadores llevan registro de los billetes que se imprimen y se destruyen. Buscan que haya suficientes billetes en el sistema para que se pueda comprar y vender.

Cuando veas un billete de un dólar, piensa en dónde ha estado y hacia dónde va. Cada billete tiene una vida útil y agitada.

Kevin Zimmer

a escritores

Marcas de corrección

¶   nuevo párrafo

/   minúscula

⤴   eliminar

∧   insertar

⊙   agregar punto

Sara escribió un texto expositivo. Lee las correcciones que hizo Sara.

Manual de gramática

Página 472
El adjetivo comparativo

Ejemplo del estudiante

Las matemáticas y el dinero

¿Qué haces cuando te dan dinero? Puedes ahorrar ^en^ un banco, como el BA⊙ El resto va a ^tu^ bolsillo. Puedes comprar un /helado más grande que tu boca. ¿Cuál será tu vuelto? ¶ Las matemáticas y el dinero ^siempre^ nunca⤴ van de la mano. ¡Aprende a usar las matemáticas!

Tu turno

☑ Identifica el buen final que escribió Sara.

☑ Identifica un adjetivo comparativo.

☑ Explica cómo mejoró el texto con las correcciones.

¡Conéctate!
Escribe en el rincón del escritor.

Pregunta esencial

¿Adónde te puede llevar la imaginación?

¡Conéctate!

LWA/Photographer's Choice/Getty Images

¡Imagina!

¿Adónde puedes viajar con tu imaginación? ¿Qué cosas puedes crear? Tu imaginación te permite hacer lo que quieras.

▶ Puedes imaginar algo tan asombroso como que vuelas muy alto por el cielo.

▶ Puedes imaginar que llegas a ser un científico famoso.

Coméntalo

Habla en pareja sobre lo que imaginas que puedes hacer. Escribe tus ideas en la red.

Vocabulario

Mira las fotos y lee las oraciones para comentar
cada palabra con un compañero o una compañera.

armonía Hay **armonía** de colores en la
pintura de Julia.

¿Qué otras cosas pueden tener
armonía?

dibujar Me encanta **dibujar** con
creyones.

¿Prefieres dibujar o pintar?

imaginación En su **imaginación**, Bruno es un
experimentado piloto.

¿Cómo usas tu imaginación?

poeta Mi abuela dice que nuestro
vecino es un gran **poeta**.

¿Cómo imaginas a un poeta?

Lenguaje poético

estrofa

Cada **estrofa** del último poema tiene cuatro versos.

¿Puedes escribir un poema con dos estrofas de dos versos cada una?

mensaje

En estos poemas los poetas comparten su **mensaje** sobre el uso de la imaginación.

Elige un poema que te guste. ¿Cuál es su mensaje?

metáfora

"Soy un cisne" es una **metáfora** porque compara dos cosas muy distintas, sin usar la palabra *como*.

¿Qué metáfora podrías usar para describirte a ti mismo?

versos repetidos

A veces los poetas usan **versos repetidos** en sus poemas. El mismo verso debe estar, por lo menos, dos veces en ese poema.

¿Por qué un poeta querría usar versos repetidos?

COLABORA

Tu turno

Elige tres palabras y escribe tres preguntas para tu compañero o compañera.

¡Conéctate! Usa el glosario digital ilustrado.

¿? Pregunta esencial

¿Adónde te puede llevar la imaginación?

Lee tres poemas que comparten imaginación y creatividad.

ACUARELA

Atrapados en la

Caja de acuarela,

Un cielo, el sol,

Árboles,

Rosas,

El camino hacia la casa,

La nube que viene y pasa, y el

Arco iris.

Clarisa Ruiz

Sé de un pintor atrevido

Sé de un pintor atrevido
que sale a pintar contento
sobre la tela del viento
y la espuma del olvido.

Yo sé de un pintor gigante,
el de divinos colores,
puesto a pintarles las flores
a una corbeta mercante.

Yo sé de un pobre pintor
que mira el agua al pintar,
el agua ronca del mar,
con un entrañable amor.

José Martí

Tu amigo

Mi lápiz quería
aprender a escribir
poemas, canciones,
pero junto a ti.

Escribir mil cuentos
de variados temas,
dibujar las flores
de la primavera.

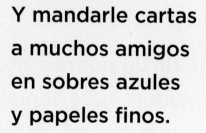

Y mandarle cartas
a muchos amigos
en sobres azules
y papeles finos.

Dibujar figuras
de lindas sirenas,
de peces mojados
y rientes ballenas.

¿Por qué tu manito
no quiere tomar
al amigo lápiz
si él te va a ayudar?

María Luisa Silva

¿? Haz conexiones

¿Hacia dónde lleva la
imaginación a cada
uno de estos poetas?
PREGUNTA ESENCIAL

¿Qué tipo de cosas
te gusta crear con
la imaginación?
EL TEXTO Y TÚ

Poesía con rima

Una **poesía con rima**:
- tiene palabras que terminan con el mismo sonido al final de algunos versos.
- tiene un ritmo regular y repetitivo.
- muestra el pensamiento o los sentimientos del poeta.

🔍 Busca evidencias en el texto

Creo que "Tu amigo" es un poema con rima porque tiene pares de versos que terminan con el mismo sonido.

página 465

Dibujar figuras
de lindas sirenas,
de peces mojados
y rientes ballenas.

¿Por qué tu manito
no quiere tomar
al amigo lápiz
si él te va a ayudar?

María Luisa Silva

Haz conexiones

¿Hacia dónde lleva la imaginación a cada uno de estos poetas?
PREGUNTA ESENCIAL

¿Qué poema te recuerda a algún lugar que hayas imaginado?
EL TEXTO Y TÚ

465

Una estrofa es parte de un poema o de una canción. En esta estrofa, el segundo verso rima con el cuarto.

COLABORA

Tu turno

Vuelve a leer "Sé de un pintor atrevido". Busca qué versos riman.

Marcela Calderón

Punto de vista

En un poema el escritor expresa sus pensamientos o sentimientos acerca de algo. Ese es el punto de vista del poeta.

 Busca evidencias en el texto

En el poema "Tu amigo" la poeta dice que su lápiz quiere dibujar, pintar y escribir, pero junto a alguien. Muestra todas las cosas maravillosas que pueden hacer juntos e invita al niño o a la niña a que tome el lápiz.

Personaje	Pista	Punto de vista

Tu turno

Vuelve a leer "Sé de un pintor atrevido". Completa el organizador gráfico para ayudarte a encontrar el punto de vista del poeta.

¡Conéctate! *Usa el organizador gráfico interactivo.*

467

Rima

Las palabras que riman deben terminar con el mismo sonido. Los poetas usan el ritmo y la **rima** para dar mayor musicalidad al poema.

Busca evidencias en el texto

Vuelve a leer en voz alta "Sé de un pintor atrevido", en la página 463. Escucha para descubrir qué palabras riman. Las palabras que riman ayudan a que el poema suene como una canción.

página 463

Sé de un pintor atrevido
que sale a pintar contento
sobre la tela del viento
y la espuma del olvido.

Yo sé de un pintor gigante,
el de divinos colores,
puesto a pintarles las flores
a una corbeta mercante.

Yo sé de un pobre pintor
que mira el agua al pintar,

Las palabras atrevido *y* olvido *riman. También riman* contento *y* viento. *Cuando rima el poema suena mejor.*

Tu turno

COLABORA

Sigue leyendo el poema en voz alta. Identifica otros versos que rimen.

Marcela Calderón

Metáfora

Una metáfora compara dos cosas diferentes, pero no utiliza la palabra *como* para comparar.

 Busca evidencias en el texto

Para hallar una metáfora, tengo que encontrar dos cosas diferentes que se comparan. En "Acuarela", la poeta compara los colores en una caja de acuarelas con cosas que se pueden pintar usando esos colores.

página 462

...o hacia la casa,
... que viene y pasa, y el
...s.

...a Ruiz

Tu turno

Vuelve a leer "Acuarela" e identifica otras metáforas. Comenta en pareja qué comparan estas metáforas.

De lectores...

Los escritores usan palabras expresivas, como adjetivos y adverbios, para lograr que sus poemas sean más interesantes y claros. Cuando las palabras son precisas, o apropiadas, muestran en lugar de decir. Vuelve a leer "Tu amigo".

Elegir las palabras

Identifica las **palabras expresivas** que utiliza el autor. ¿Cómo te ayudan a visualizar lo que imagina el narrador?

Ejemplo modelo

Mi lápiz quería
aprender a escribir
poemas, canciones,
pero junto a ti.

Escribir mil cuentos
de variados temas,
dibujar las flores
de la primavera.

Y mandarle cartas
a muchos amigos
en sobres azules
y papeles finos.

Marcela Calderón

a escritores

Emilio escribió un poema. Lee el texto y fíjate en sus correcciones.

Marcas de corrección

≡ mayúscula

⊙ agregar punto

(ort.) ortografía

∧ insertar

⌿ eliminar

Manual de gramática

Página 472
El adverbio

Ejemplo del estudiante

Mi caja

tengo una caja ^{grande y fuerte}∧

que no es una caja.

Es una n(ort.)abe espacial

que <del>altamente</del> ∧ quiere volar. ^{muy alto}

Un castillo muy resistente,

que del ∧ dragón me defiende. ^{feroz}

Un barco que salta ∧ <del>abajo</del> ^{arriba}

de las altas olas del mar ⊙ ∧

∧ ¡Es tan mágica mi caja!

Tu turno
COLABORA

☑ Identifica palabras expresivas.
☑ Identifica adverbios.
☑ Comenta cómo las correcciones mejoraron el cuento

¡Conéctate!
Escribe en el rincón del escritor.

Contenido

Manual de gramática

Oraciones

Oraciones

Una **oración** expresa una idea completa. Cuando un conjunto de palabras no expresan una idea completa no son una oración.

Tomás alimenta a su gato.

Tu turno **Escribe la oración.**

1. Mariela va a la escuela.
2. Nuestro maestro y los estudiantes

Tipos de oraciones

Cada oración comienza con **mayúscula**.

Tipo de oración	Ejemplo
Una **oración enunciativa** afirma o niega algo. Termina con punto.	*Los bomberos apagan el fuego.*
Una **oración interrogativa** pregunta algo. Empieza y termina con signos de interrogación.	*¿Por qué los bomberos usan botas?*
Una **oración imperativa** indica a alguien que realice algo. Termina con punto.	*Sube la escalera.*
Una **oración exclamativa** muestra un sentimiento fuerte. Empieza y termina con signos de exclamación.	*¡Por fin el fuego se extinguió!*

Tu turno **Escribe cada oración y menciona qué tipo de oración observas.**

1. Los bomberos trabajan juntos.
2. ¿Te gustaría ser bombero?

El sujeto en la oración

El **sujeto** indica quién o qué realiza algo.

Tony camina en el parque.

Tu turno **Escribe cada oración. Subraya el sujeto.**

1. Los niños van al estanque.

2. Tony y Nancy atrapan el pez.

3. Nancy observa las ranas.

4. Luis está estudiando.

5. Isabel y Mariana van al parque.

El predicado en la oración

El **predicado** indica lo que es o hace el sujeto.

La maestra lee una historia.

Tu turno **Escribe cada oración. Subraya el predicado.**

1. Rosa escucha las noticias.

2. Ella oye sobre la tormenta.

3. Sus dos hermanos cierran las ventanas.

4. Todos están preocupados.

5. La fuerte lluvia cae de noche.

Sustantivos

Sustantivos

El **sustantivo** es la palabra que nombra a las personas, las plantas, los animales, las cosas y los lugares.

Alicia   margarita   león   piedra   pueblo

Tu turno **Escribe las oraciones. Subraya los sustantivos.**

1. La familia vive en la ciudad.
2. Los niños juegan a la pelota en el parque.
3. Una mujer camina por la playa.

Sustantivos comunes y propios

El **sustantivo común** es la palabra que nombra plantas, cosas, animales y lugares.

palmera   puerta   lámpara   patio

El **sustantivo propio** es la palabra que nombra a las personas, las ciudades, los países, los continentes, los ríos, los lagos, etc.

Roberto   Houston   Colombia   América

Tu turno **Escribe las oraciones. Comienza cada sustantivo propio con mayúscula.**

1. Tengo un amigo llamado pedro.
2. Pedro vive en la calle maple.
3. Ricardo y julieta están ahora en nuestra clase.

Sustantivos en singular y en plural

El **sustantivo singular** es la palabra que nombra a una sola persona, planta, animal, cosa o lugar.

bolsa　　*pastel*　　*jugo*　　*cuchara*

El **sustantivo plural** es la palabra que nombra a más de una persona, planta, animal, cosa o lugar.

casas　　*jirafas*　　*niños*

Tu turno **Escribe las oraciones. Haz el plural de los sustantivos que están entre paréntesis.**

1. Los (pez) nadan en la pecera.

2. Hay muchos (papel) sobre el escritorio.

3. Tenemos (caja) de libros.

4. Los libros tratan sobre (pájaro).

5. José y Santiago comen (cereza).

Sustantivos en singular	Sustantivos en plural	Ejemplos
Sustantivos terminados en vocal	Se añade **-s**.	suelo, suelos pasto, pastos
Sustantivos terminados en consonante	Se añade **-es**.	sal, sales mar, mares
Sustantivos terminados en **-z**	La **-z** se cambia por **-c** y se añade **-es**.	rapaz, rapaces pez, peces
Sustantivos terminados en **-ón**	Los sustantivos que terminan en **-ón** pierden el acento al tomar la terminación **-es** del plural.	avión, aviones león, leones

Verbos

Verbos

El **verbo** es la palabra que expresa acción. Algunas características del verbo son: tiempo, modo, persona y número.

Existen tres **tiempos verbales**: presente, que indica que la acción se realiza en el momento en que se habla; pretérito o pasado, que expresa que la acción ya se realizó y futuro, que indica la acción que se va a realizar.

El **modo** expresa la actitud de la persona que habla. El modo indicativo expresa acciones reales e independientes.

La **persona**, o forma personal, expresa quién realiza la acción del verbo. El número indica si fue una o fueron varias las personas que realizaron la acción.

La siguiente tabla muestra las formas personales que existen.

Formas personales	Singular	Plural
Primera persona	yo	nosotros/nosostras
Segunda persona	tú	vosotros/vosotras/ustedes
Tercera persona	él/ella	ellos/ellas

Las **formas impersonales** no indican ninguna de las seis personas que realizan la acción del verbo en el sujeto, y son tres: infinitivo, gerundio y participio.

Verbos

Las formas del **infinitivo** son aquellas que terminan en **-ar**, **-er**, **-ir**.

amar temer partir

Las formas del **gerundio** son aquellas que terminan en **-ando** o **-iendo**. Algunos verbos cambian de **-iendo** a **-yendo**.

amando temiendo cayendo

Las formas del **participio** son aquellas que terminan en **-ado** o **-ido**.

amado partido temido

Algunos participios son irregulares y, por lo tanto, terminan de forma diferente. Generalmente esas otras terminaciones son: **-to**, **-so** y **-cho**.

escribir   escrito
ver   visto
hacer   hecho
decir   dicho
imprimir   impreso

Tu turno **Escribe las oraciones. Escribe si el verbo subrayado está en una forma personal o impersonal.**

1. Está lloviendo.
2. Ellos van a acampar a la montaña.
3. La banda iba tocaba por la calle.
4. Lorena cose un calcetín.
5. A José le dieron un premio.

Verbos

Verbos regulares

Los **verbos regulares** son los que, al conjugarlos, conservan la primera parte, o raíz, igual y su segunda parte, o terminación, cambia siguiendo reglas determinadas. Algunos verbos regulares son **amar**, **temer** y **escribir**.

Tu turno **Escribe las oraciones. Comparando con el infinitivo entre paréntesis, indica cuáles son verbos regulares.**

1. Estoy oyendo (oír) música en la radio.
2. La abuela piensa (pensar) en los demás.
3. Ellos están aprendiendo (aprender) a cocinar.
4. Mañana tengo (tener) que levantarme temprano.
5. ¿Has cantado (cantar) en público alguna vez?

Verbos irregulares

Los verbos irregulares son aquellos que al conjugarlos cambian su raíz y/o su terminación. Algunos de los verbos irregulares más comunes son servir, jugar, pensar, ir y hacer.

Tu turno **Escribe las oraciones. Comparando con el infinitivo entre paréntesis, indica cuáles son verbos irregulares.**

1. El niño nuevo es (ser) de Colombia.
2. Hoy comeremos (comer) carne asada.
3. Ayer compré (comprar) un helado.

Modo indicativo

En las siguientes tablas aparece la conjugación de verbos regulares en el modo indicativo. Estos son los tiempos que las tablas incluyen:

El **presente** se utiliza cuando la acción coincide con el momento en que se habla.

*Pablo **cuida** a su hermana menor.*

El **pretérito imperfecto** expresa una acción pasada ocurrida en un tiempo determinado.

*Antes nosotros **estudiábamos** en casa.*

El **pretérito** indica que la acción ocurrió completamente en el pasado.

*Ellos **trabajaron** mucho ayer.*

El **futuro** es el tiempo verbal que indica que la acción va a ser realizada después del momento en que se enuncia.

*Yo **viviré** cerca de la playa el próximo año.*

El **condicional** expresa la posibilidad de realizar la acción en cualquier tiempo.

*Ernesto **jugaría** con nosotros.*

Tu turno **Escribe las oraciones. Indica cuál es el tiempo verbal del verbo subrayado.**

1. A los estudiantes les <u>gusta</u> la clase de Matemáticas.
2. Hoy <u>nadaré</u> en la alberca de mi escuela.
3. Gloria <u>perdió</u> su arete en el camión.
4. La mañana <u>está</u> soleada.
5. El próximo mes <u>saldremos</u> de vacaciones.

Verbos

Verbos regulares terminados en *-ar*. Cantar

Modo indicativo

Pronombre	Presente
yo	can**to**
tú	cant**as**
él/ella/usted	cant**a**
nosotros/nosotras	cant**amos**
vosotros/vosotras	cant**áis**
ellos/ellas/ustedes	cant**an**
Pronombre	**Pretérito imperfecto**
yo	cant**aba**
tú	cant**abas**
él/ella/usted	cant**aba**
nosotros/nosotras	cant**ábamos**
vosotros/vosotras	cant**abais**
ellos/ellas/ustedes	cant**aban**
Pronombre	**Pretérito**
yo	cant**é**
tú	cant**aste**
él/ella/usted	cant**ó**
nosotros/nosotras	cant**amos**
vosotros/vosotras	cant**asteis**
ellos/ellas/ustedes	cant**aron**
Pronombre	**Futuro**
yo	cant**aré**
tú	cant**arás**
él/ella/usted	cant**ará**
nosotros/nosotras	cant**aremos**
vosotros/vosotras	cant**aréis**
ellos/ellas/ustedes	cant**arán**
Pronombre	**Condicional**
yo	cant**aría**
tú	cant**arías**
él/ella/usted	cant**aría**
nosotros/nosotras	cant**aríamos**
vosotros/vosotras	cant**aríais**
ellos/ellas/ustedes	cant**arían**

Verbos regulares terminados en *-er*. Comer

Modo indicativo

Pronombre	Presente
yo	com**o**
tú	com**es**
él/ella/usted	com**e**
nosotros/nosotras	com**emos**
vosotros/vosotras	com**éis**
ellos/ellas/ustedes	com**en**
Pronombre	**Pretérito imperfecto**
yo	com**ía**
tú	com**ías**
él/ella/usted	com**ía**
nosotros/nosotras	com**íamos**
vosotros/vosotras	com**íais**
ellos/ellas/ustedes	com**ían**
Pronombre	**Pretérito**
yo	com**í**
tú	com**iste**
él/ella/usted	com**ió**
nosotros/nosotras	com**imos**
vosotros/vosotras	com**isteis**
ellos/ellas/ustedes	com**ieron**
Pronombre	**Futuro**
yo	com**eré**
tú	com**erás**
él/ella/usted	com**erá**
nosotros/nosotras	com**eremos**
vosotros/vosotras	com**eréis**
ellos/ellas/ustedes	com**erán**
Pronombre	**Condicional**
yo	com**ería**
tú	com**erías**
él/ella/usted	com**ería**
nosotros/nosotras	com**eríamos**
vosotros/vosotras	com**eríais**
ellos/ellas/ustedes	com**erían**

Verbos

Verbos regulares terminados en *-ir*. Vivir

Modo indicativo

Pronombre	Presente
yo	viv**o**
tú	viv**es**
él/ella/usted	viv**e**
nosotros/nosotras	viv**imos**
vosotros/vosotras	viv**ís**
ellos/ellas/ustedes	viv**en**
Pronombre	**Pretérito imperfecto**
yo	viv**ía**
tú	viv**ías**
él/ella/usted	viv**ía**
nosotros/nosotras	viv**íamos**
vosotros/vosotras	viv**íais**
ellos/ellas/ustedes	viv**ían**
Pronombre	**Pretérito**
yo	viv**í**
tú	viv**iste**
él/ella/usted	viv**ió**
nosotros/nosotras	viv**imos**
vosotros/vosotras	viv**isteis**
ellos/ellas/ustedes	viv**ieron**
Pronombre	**Futuro**
yo	viv**iré**
tú	viv**irás**
él/ella/usted	viv**irá**
nosotros/nosotras	viv**iremos**
vosotros/vosotras	viv**iréis**
ellos/ellas/ustedes	viv**irán**
Pronombre	**Condicional**
yo	viv**iría**
tú	viv**irías**
él/ella/usted	viv**iría**
nosotros/nosotras	viv**iríamos**
vosotros/vosotras	viv**iríais**
ellos/ellas/ustedes	viv**irían**

Verbos copulativos

Los **verbos copulativos** funcionan como enlace entre el sujeto y el atributo o cualidad. Los principales verbos copulativos son *ser*, *estar* y *parecer*.

Verbo copulativo ser

Pronombre	Presente	Pretérito imperfecto
yo	soy	era
tú	eres	eras
él/ella/usted	es	era
nosotros/nosotras	somos	éramos
vosotros/vosotras	sois	erais
ellos/ellas/ustedes	son	eran
Pronombre	**Pretérito**	**Futuro**
yo	fui	seré
tú	fuiste	serás
él/ella/usted	fue	será
nosotros/nosotras	fuimos	seremos
vosotros/vosotras	fuisteis	seréis
ellos/ellas/ustedes	fueron	serán

Verbo copulativo estar

Pronombre	Presente	Pretérito imperfecto
yo	estoy	estaba
tú	estás	estabas
él/ella/usted	está	estaba
nosotros/nosotras	estamos	estábamos
vosotros/vosotras	estáis	estabais
ellos/ellas/ustedes	están	estaban
Pronombre	**Pretérito**	**Futuro**
yo	estuve	estaré
tú	estuviste	estarás
él/ella/usted	estuvo	estará
nosotros/nosotras	estuvimos	estaremos
vosotros/vosotras	estuvisteis	estaréis
ellos/ellas/ustedes	estuvieron	estarán

Pronombre

Pronombre

El **pronombre** es la palabra que sirve para sustituir al nombre.

Tina juega con la pelota. ***Ella*** juega con la pelota.
María y ***Luisa*** van al cine. ***Ellas*** van al cine.

Pronombre personal

El **pronombre personal** es una palabra que sustituye a los nombres de las personas. En gramática se distinguen tres personas: **primera persona**, que es la que habla; **segunda persona**, que es la que escucha; y **tercera persona**, que es la que ni habla ni escucha. Los pronombres personales pueden cumplir o no la función de sujeto. La siguiente tabla muestra las formas del pronombre personal que pueden ser sujeto.

Formas personales	Singular	Plural
Primera persona	yo	nosotros, nosotras
Segunda persona	tú, usted	vosotros, vosotras, ustedes
Tercera persona	él, ella	ellos, ellas

Cuando el pronombre actúa como sujeto, concuerda con el verbo en género y número.

Ella va a la escuela.
Nosotros somos amigos.

Pronombre personal

Los pronombres personales que no pueden cumplir la función de sujeto sustituyen a complementos del predicado. La siguiente tabla muestra las formas del pronombre personal que no pueden ser sujeto de una oración.

Formas personales	Singular	Plural
Primera persona	me, mí (conmigo)	nos
Segunda persona	te, ti (contigo)	os, se
Tercera persona	se, sí (consigo), lo, la, le	los, las, les, se

Tu turno **Escribe las oraciones. Sustituye la palabra subrayada por el pronombre correcto entre ( ).**

1. Los niños patearon la pelota. (Ellos, Nosotros)
2. La pelota rodó hacia Karen. (él, ella)
3. Karen anotó un gol. (Él, Ella)
4. Lucy y yo aplaudimos y gritamos. (Nosotros, Ellos)
5. El entrenador nos ayuda a Lucy y a mí. (ellos, nosotros)

Pronombre

Pronombre posesivo

El **pronombre posesivo** sustituye al sustantivo y sirve para expresar a quién pertenece algo. El pronombre posesivo concuerda en género y número con la cosa poseída. La siguiente tabla muestra los pronombres posesivos.

Cosa poseída	Poseedor		
	Primera persona	**Segunda persona**	**Tercera persona**
el, la	mío nuestro, nuestra	tuyo, tuya vuestro, vuestra	suyo, suya suyo, suya
los, las	míos, mías nuestros, nuestras	tuyos, tuyas vuestros, vuestras	suyos, suyas suyos, suyas

Tu turno **Escribe las oraciones. Reemplaza el pronombre entre paréntesis por el pronombre posesivo correspondiente.**

1. La pelota es (nosotros).
2. Las canicas son (de él).
3. Los libros de Ciencias son (yo).
4. El lapicero negro es el (tú).
5. Los dulces son (de ella).

Adjetivos: el grado comparativo

Podemos usar adjetivos para comparar sustantivos. El adjetivo tiene diferentes intensidades o grados de significación. Estos grados son el comparativo y el superlativo. Se usa el **grado comparativo** para comparar. Se pueden hacer comparaciones usando la estructura *más* + adjetivo + *que* y *menos* + adjetivo + *que*. También se pueden hacer comparaciones que indiquen igualdad usando *tan* + adjetivo + *como*.

> *Tu maleta está **más sucia que** la mía.*
> *Teresa tiene **menos juguetes que** Rosa.*
> *Son **tan estudiosos como** ellos.*

Algunos adjetivos comparativos ya expresan la comparación en una sola palabra: **mejor**, **peor**, **menor**, **mayor**, **superior**, **inferior**. No llevan nunca más o menos.

> *Sarita es **menor** que su hermana.*

Tu turno **Escribe las oraciones tres veces usando un grado de comparación distinto.**

1. Nora corre _____ rápido _____ Mónica.
2. El elefante es _____ fuerte _____ el rinoceronte.
3. El águila vuela _____ alto _____ el halcón.
4. Esta camisa es _____ grande_____ aquella.
5. El libro de Ciencias es _____ pesado _____ el de Estudios Sociales.

Artículo

Artículo

El **artículo** es una palabra que se coloca delante del sustantivo para señalar su género y su número. Hay dos clases de artículos: definidos e indefinidos.

Artículo	Definido		Indefinido	
	Masculino	**Femenino**	**Masculino**	**Femenino**
Singular	el	la	un	una
Plural	los	las	unos	unas

Artículo **definido**: indica que el sustantivo al que se refiere ya es conocido por el receptor.

el carro   la niña   los patos   las mesas

Artículo **indefinido**: indica que el sustantivo al que se refiere no es conocido por el receptor.

un carro   una niña   unos patos   unas mesas

Tu turno **Escribe las oraciones. Subraya los artículos definidos y encierra en un círculo los indefinidos.**

1. Quisiera comprar unos prismáticos especiales.
2. La cámara tomó unas fotos muy buenas.
3. El lago tenía una capa de hielo.
4. Un niño trajo estos frutos de la huerta.
5. Durante el verano, los días pasan muy rápido.

Adverbio

Adverbio

El **adverbio** es una palabra que modifica a un verbo, un adjetivo o a otro adverbio. El adverbio no cambia de forma para indicar el género, el número o la persona. El adverbio debe ir lo más cerca posible de la palabra que modifica.

*Marta duerme **tranquilamente**.(modifica a un verbo)*
*La piscina es **muy** pequeña.(modifica a un adjetivo)*
*José camina **bastante** lento.(modifica a un adverbio)*

Tu turno **Escribe las oraciones. Subraya el adverbio.**

1. Pablo ayer fue al doctor.
2. El examen será muy difícil.
3. El perro descansa debajo del árbol.
4. Los niños corrieron velozmente.
5. Los meses pasan muy rápidamente.

Normas del lenguaje

Abreviaturas

Las abreviaturas permiten poner mucha información en poco espacio y facilitan escribir con rapidez. Algunas de las abreviaturas que más se usan en español son las siguientes.

a.m.	antes del meridiano
p.m.	pasado el meridiano
E	este
N	norte
O	oeste
S	sur
h	hora
m	metro
a. C.	antes de Cristo
d. C.	después de Cristo

Para escribir cartas dentro de Estados Unidos se usan las **abreviaturas** del correo. Estas son las abreviaturas de algunos estados.

Abreviatura	Estado
AZ	Arizona
CA	California
NY	Nueva York
TX	Texas

Mayúsculas

La **mayúscula** se usa siempre en la letra inicial de la primera palabra de una oración.

La sopa está muy caliente.

Nombres de lugar

La **mayúscula** se usa en los nombres de ciudades, estados y países.

Houston   *Nuevo México*
Guatemala   *Colombia*

La **mayúscula** se usa solo en los nombres propios de los nombres geográficos.

los montes Apalaches   *el río Grande*

La **mayúscula** se usa en la letra inicial de los nombres de las calles y edificios.

Avenida de la Independencia edificio América

La **mayúscula** se usa en la palabra inicial y en los nombres propios de los títulos de libros, cuentos o poemas.

La fierecilla domada   Las aventuras de Tom Sawyer

Tu turno **Escribe las oraciones usando las mayúsculas correspondientes.**

1. mañana visitaremos el volcán puyehue.
2. haz la tarea antes de comer.
3. carina y octavio jugaron con la pelota.
4. los ángeles y nueva york son ciudades muy importantes.
5. esta semana leímos "el valiente capitán juan díaz".

Normas del lenguaje

Nombres y títulos de personas

La **mayúscula** se usa en la letra inicial de todos los nombres de personas y personajes de cuentos. También en las iniciales de nombres.

*A*licia   *J.* *M*edina   *B*lancanieves

La **mayúscula** se usa en la abreviatura de los títulos de las personas.

*S*r. Alberto Moreno   *D*ra. Elena Santiago

Las **mayúsculas** deben llevar acento ortográfico cuando corresponda.

*Á*ngela   *Ú*ltimo   *ARÁNDANO   CAMIÓN*

Tu turno **Escribe dos oraciones usando las abreviaturas correspondientes.**

1. Señor López

2. Doctora Reynald   La Dra. Reynald es muy responsable.

Minúsculas

La **minúscula** se usa en los nombres de los días de la semana, los meses y las estaciones del año.

*l*unes   *j*unio   *p*rimavera

La **minúscula** se usa en las palabras que indican nacionalidad o procedencia.

*a*mericano   *h*ispano

El punto

El **punto** se usa al final de una oración.

Las toallas están en el armario.

El **punto** marca el final de una oración imperativa.

Escribe tu nombre. (orden)
Habla despacio, por favor. (petición)

El **punto** se usa al final de una abreviatura.

Dr.   Sra.

El **punto** se usa después de las iniciales de un nombre propio.

L. M. Gómez   P. Álvarez

Tu turno **Escribe las oraciones y corrige la puntuación.**

1. Escribiré una carta al Sr Jiménez
2. El Presidente hablará ante la ONU

Dos puntos

Los **dos puntos** se usan para separar las horas y los minutos.

Me levanto todos los días a las 8:30.

Los **dos puntos** se usan después del saludo en cartas formales e informales.

Querido abuelo: Estimada Sra. Ruiz:

Tu turno **Escribe las oraciones y pon los dos puntos donde corresponda.**

1. Estimado Diego
2. La maestra nos dijo "Mañana hay examen".

Normas del lenguaje

La coma

La **coma** se usa para separar los nombres de una ciudad y de un estado.

Houston, Texas   *Los Ángeles, California*

La **coma** se usa para separar dos o más elementos en una serie.

Alba compró dulces, chicles y galletas.

La **coma** se usa tras la despedida en cartas.

Hasta pronto,   *Un abrazo,*

La **coma** indica también una pausa en la lectura o separa distintas frases dentro de una oración.

Pedro, come tranquilo, pero no te demores.

La **coma** se usa después de las palabras *Sí* y *No* cuando empiezan una oración que responde a una pregunta.

¿Eres buen estudiante?
Sí, soy un buen estudiante.
No, no soy buen estudiante

Tu turno **Escribe las oraciones y pon las comas donde corresponda.**

1. Gabriela Gilberto Eduardo Teresa y yo formamos un equipo.
2. Isabella come despacio no te desesperes.
3. Yo vivo en San Isidro California.
4. "Estoy muy contento" pensé emocionado.
5. Hay agua de guayaba limón piña y melón.

Los signos de interrogación

Los **signos de interrogación** son los símbolos que van al comienzo y al final de una pregunta.

¿Quieres chocolate?

Tu turno **Escribe las oraciones correctamente y pon los signos de interrogación donde corresponda.**

1. qué hora es
2. cuándo terminan las clases
3. qué color te gusta más
4. cuál es tu comida favorita
5. me das un dulce

Los signos de exclamación

Los **signos de exclamación** (o de admiración) son los símbolos que van al comienzo y al final de una oración que expresa una emoción fuerte.

¡Marina pasó todas sus clases!

Tu turno **Escribe las oraciones correctamente y pon los signos de exclamación donde corresponda.**

1. Qué grande es este jardín
2. Héctor dijo: "Ya es hora de comer"
3. Qué calor hace
4. Vamos a nadar, —le dijo Federico a Miguel.
5. Corramos, que perdemos el avión

Normas del lenguaje

Comillas

Las **comillas** se usan para repetir lo que alguien ha dicho.

Laura dijo: "Tengo muchos juguetes".

Las **comillas** se usan para indicar el título de un cuento, un poema o una canción.

Cuento: "El gato con botas"
Canción: "Los elefantes"

Tu turno **Escribe las oraciones y pon comillas donde corresponda.**

1. Voy en camino, pensó Eduardo.

2. Me encanta el cuento Blancanieves.

La raya

La raya (o guión de diálogo) se usa para distinguir lo que dicen dos personas que hablan.

—Ven a mi casa —dijo Luis.
—Pero solo hasta las tres —dijo Ana.
—¿Por qué? —preguntó sorprendido su amigo.
—¡Porque tengo clase de baile a las cuatro!
—respondió Ana.

Tu turno **Escribe el siguiente diálogo y coloca una raya donde sea necesario.**

1. Te invito a comer a mi casa mañana dijo Adela.

2. No sé si me darán permiso contestó Socorro.

El guión

El **guión** se usa para señalar la división en sílabas y para dividir una palabra al final de una línea.

Ayer fui al cine con mis primos y me divertí mucho.

Tu turno **Divide las siguientes palabras en sílabas.**

1. resolver
2. terminar
3. solcito
4. dominó
5. Azucena

El subrayado y la letra cursiva

El **subrayado** y la **letra cursiva** se usan para indicar el título de un libro, una película o un programa de televisión. El subrayado se usa al escribir a mano. En la computadora, los mismos títulos se señalan con letra cursiva.

Programa de televisión: Los Picapiedra
Libro: La historia interminable
Película: El príncipe de Egipto

Tu turno **Subraya las partes que correspondan a las siguientes oraciones.**

1. La película se titula El mago de Oz.
2. Mi hermano terminó de leer Romeo y Julieta.
3. Mi papá es reportero de El Diario de San Francisco.
4. El libro se titula Las aventuras de Gulliver.
5. Ayer fui a ver Ratatouille.

Normas del lenguaje

La sílaba tónica y el acento ortográfico

Las palabras tienen una sílaba que se pronuncia con mayor intensidad. Se llama **sílaba tónica**.

*ca**rro**za*

Algunas sílabas se marcan con un acento escrito, llamado **acento ortográfico**.

*tibu**rón***

Las palabras se clasifican, según la sílaba tónica, en agudas, llanas, esdrújulas o sobresdrújulas. Si la última sílaba es tónica se llaman **agudas**. Las palabras agudas terminadas en vocal (a, e, i ,o, u) o en las consonantes **n** o **s**, llevan acento ortográfico.

*pa**pá***   *bal**ón***   *re**vés***

Si la penúltima sílaba es tónica se llaman **llanas**. Las terminadas en consonante llevan acento ortográfico, a excepción de las que terminan en **n** o en **s**.

***lá**piz*   ***án**gel*   *ca**rác**ter*

Si la antepenúltima sílaba es tónica se llaman **esdrújulas**. Siempre llevan acento ortográfico.

***pé**talo*   ***ló**gico*   ***mí**mica*

Si la sílaba anterior a la antepenúltima es tónica se llaman **sobresdrújulas**. Siempre llevan acento ortográfico.

***mán**damelo*